专利前沿与热点研究丛书

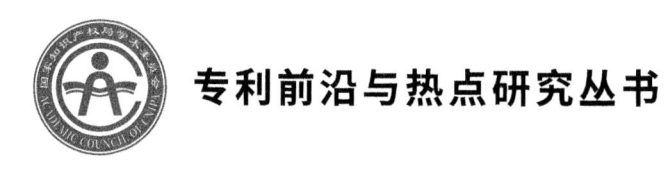

海牙体系主要审查局授权标准

国家知识产权局学术委员会◎组织编写

知识产权出版社
全国百佳图书出版单位
—北京—

图书在版编目（CIP）数据

海牙体系主要审查局授权标准/国家知识产权局学术委员会组织编写. —北京：知识产权出版社，2024.4
ISBN 978-7-5130-9342-2

Ⅰ.①海… Ⅱ.①国… Ⅲ.①世界知识产权组织—知识产权—标准 Ⅳ.①D913.4-65 ②D813.7-65

中国国家版本馆 CIP 数据核字（2024）第 075748 号

内容提要

本书通过实际的外观设计审查案例，全面阐述了外观设计海牙体系主要审查局的审查内容、授权标准、相应法律制度实际适用情况及其差异，同时对我国申请人外观设计申请指定数量大的加拿大、俄罗斯和越南等局的审查结论进行分析，为我国创新主体合理利用海牙体系提供有针对性的帮助。

责任编辑：卢海鹰　王瑞璞	**责任校对**：谷　洋
封面设计：杨杨工作室·张冀	**责任印制**：孙婷婷

海牙体系主要审查局授权标准

国家知识产权局学术委员会　组织编写

出版发行：	知识产权出版社有限责任公司	网　址：	http://www.ipph.cn
社　址：	北京市海淀区气象路 50 号院	邮　编：	100081
责编电话：	010-82000860 转 8116	责编邮箱：	wangruipu@cnipr.com
发行电话：	010-82000860 转 8101/8102	发行传真：	010-82000893/82005070/82000270
印　刷：	北京九州迅驰传媒文化有限公司	经　销：	新华书店、各大网上书店及相关专业书店
开　本：	787mm×1092mm　1/16	印　张：	10
版　次：	2024 年 4 月第 1 版	印　次：	2024 年 4 月第 1 次印刷
字　数：	225 千字	定　价：	68.00 元

ISBN 978-7-5130-9342-2

出版权专有　侵权必究
如有印装质量问题，本社负责调换。

编委会

主　任　廖　涛

副主任　魏保志　钱红樱

编　委　张小凤　刘　悦　孙　琨

前 言

《工业品外观设计国际注册海牙协定》(1999 年文本)(以下简称《海牙协定》)于 2022 年 5 月在我国生效后,为我国企业在全球范围内开展产品布局和创新保护提供了便利,得到了我国创新主体的积极响应。2022 年和 2023 年,我国创新主体通过《海牙协定》体系向外申请的外观设计数量均居全球第二,充分体现了创新主体对外观设计知识产权保护的重视与中国创新创意的活力。与此同时,指定我国的外观设计国际申请数量也迅速增长,通过《海牙协定》体系指定我国的外观设计国际申请数量在被指定的缔约方中位列第四。这说明全球用户对中国知识产权保护体系的充分信任和坚定信心。

海牙体系为创新主体提供了一种简便高效的外观设计国际注册程序。创新主体如果要充分合理地利用这个体系,以最少的形式要求、最低的成本获得在多个国家的保护,就需要充分了解海牙体系的法律规定以及各个缔约方的相关规定,尤其是海牙体系主要审查局的审查标准和特殊规定。本书作者团队在以座谈会、实地调研、调查问卷等方式掌握创新主体通过海牙体系向外申请情况的基础上,结合外观设计五局合作平台下各局外观设计的发展动向以及我国创新主体向外申请的数据,确定美、日、韩三局为研究的主要对象。本书整理了上述主要审查局外观设计国际注册申请授权标准的相关法律法规,对外观设计国际公报上公布的同时指定美国、日本与韩国的国际注册申请开展研究。同时,为更全面地了解其他主要审查局的授权标准,还对上述外观设计国际注册中我国申请人指定数量较多的加拿大、俄罗斯及越南等局的审查结论进行分析。通过查阅、分析超过 2500 份通知书,本书全面分析主要审查局审查内容、法律制度在审查实践中应用情况等方面的异同；结合近 70 个具体案例充分比较主要审查局针对同一外观设计国际注册申请的通知书撰写形式、驳回适用条款存在的差异，深入分析相应的审查结论和授权标准，为创新主体合理利用海牙体系提供有针对性的帮助。

受能力和水平的限制，本书难免有不当和疏漏之处，恳请广大读者批评指正。

编委会

2024 年 4 月

课题研究团队

一、项目管理
国家知识产权局专利局审查业务管理部：张小凤　马　欢

二、课题组
承 担 单 位：国家知识产权局专利局外观设计审查部
课题负责人：刘　悦
课题组成员：刘　悦　徐婷妍　李玉洁　蒋　瑜　靳　璟
　　　　　　安文亚　陈文哲　朱　婧　潘沐阳　王　涵

三、各章主要执笔人
第一章：靳　璟

第二章：陈文哲

第三章：徐婷妍

第四章：蒋　瑜

第五章：李玉洁

第六章：安文亚

第七章：朱　婧　潘沐阳　王　涵

第八章：刘　悦

目　录

第一章　概　述 / 001
 第一节　海牙体系概况 / 001
  一、体系介绍 / 001
  二、缔约方及审查局 / 003
  三、国际注册及生效程序 / 004
  四、发展现状 / 007
 第二节　研究范围和意义 / 008

第二章　主要国家相关法律规定及对比分析 / 010
 第一节　主要国家相关法律规定 / 010
  一、中　国 / 010
  二、美　国 / 011
  三、日　本 / 013
  四、韩　国 / 015
 第二节　主要国家相关法律的对比分析 / 017
  一、外观设计的保护客体 / 018
  二、外观设计的清楚表达 / 019
  三、新颖性和创造性 / 019
  四、单一性 / 021
 第三节　本章小结 / 023

第三章　有关外观设计保护客体的审查标准 / 024
 第一节　相关案例及案情分析 / 024
  一、案例介绍 / 024
  二、法条运用及分析 / 029
 第二节　本章小结 / 031
  一、主要局的审查标准 / 031
  二、与我国审查标准对比 / 031

第四章　有关外观设计清楚表达的审查标准 / 033
 第一节　审查情况 / 033

第二节 相关案例及案情分析 / 034
　　一、主要问题类型及其相关案例介绍 / 034
　　二、法条运用及分析 / 058
第三节 本章小结 / 060
　　一、主要审查局的审查标准 / 060
　　二、与我国审查标准对比 / 061

第五章　有关新颖性的审查标准 / 063
第一节 审查情况 / 063
　　一、美日韩三局的审查情况 / 063
　　二、其他审查局的审查情况 / 064
第二节 相关案例及案情分析 / 064
　　一、案例介绍 / 064
　　二、法条运用及分析 / 083
　　三、对于新颖性问题的指出方式及克服缺陷的方式 / 085
　　四、新颖性证据的运用 / 088
第三节 本章小结 / 089
　　一、主要审查局的审查标准 / 089
　　二、与我国审查标准对比 / 090

第六章　有关单一性的审查标准 / 091
第一节 审查情况 / 091
　　一、美日韩三局的审查情况 / 091
　　二、其他审查局的审查情况 / 092
第二节 相关案例及案情分析 / 093
　　一、案例介绍 / 093
　　二、法条运用及分析 / 101
　　三、对于单一性相关问题的指出方式及克服缺陷的方式 / 103
第三节 本章小结 / 104
　　一、主要审查局的审查标准 / 104
　　二、与我国审查标准对比 / 104

第七章　其他可能导致驳回的情形及审查标准 / 105
第一节 产品名称的审查 / 105
　　一、基本情况 / 105
　　二、相关案例及案情分析 / 106
第二节 简要说明书的审查 / 112
　　一、基本情况 / 112
　　二、相关案例及案情分析 / 113
第三节 视图名称的审查 / 125

　　　　一、基本情况 / 125
　　　　二、相关案例及案情分析 / 125
　　第四节　权利要求书的审查 / 129
　　　　一、基本情况 / 129
　　　　二、相关案例及案情分析 / 129
　　第五节　优先权的审查 / 131
　　　　一、基本情况 / 131
　　　　二、相关案例及案情分析 / 131

第八章　　总结与建议 / 135
　　第一节　主要审查局授权标准总结 / 135
　　　　一、有关外观设计保护客体的审查标准 / 135
　　　　二、有关外观设计清楚表达的审查标准 / 135
　　　　三、有关新颖性的审查标准 / 136
　　　　四、有关单一性的审查标准 / 136
　　第二节　对我国创新主体向外申请的建议 / 137
　　　　一、申请途径的选择 / 137
　　　　二、《海牙协定》途径申请文件的准备 / 138
　　　　三、《海牙协定》途径申请策略 / 140
　　第三节　完善我国外观设计制度的建议 / 141
　　　　一、完善合案申请制度的建议 / 141
　　　　二、完善宽限期制度的建议 / 142
　　　　三、完善外观设计色彩的生效保护条件的建议 / 143
　　　　四、完善优先权制度的建议 / 144

附　录　　案例索引 / 145

第一章 概　述

第一节 海牙体系概况

一、体系介绍

（一）基本情况

海牙体系是依照《工业品外观设计国际注册海牙协定》（以下简称《海牙协定》）进行管理的外观设计国际注册体系，由总部位于瑞士日内瓦的世界知识产权组织（WIPO）主管。海牙体系适用于工业设计领域，与适用于专利领域的《专利合作条约》和适用于商标领域的《商标国际注册马德里协定》共同构成工业产权领域国际合作的三大体系。《海牙协定》签订于1925年，历经多次修订形成了一个专门用于简化国家和政府间组织外观设计注册及维持程序的有效国际机制。

通过海牙体系提交的外观设计国际申请由世界知识产权组织国际局（International Bureau，WIPO，以下简称"国际局"）根据《海牙协定》相关规定统一进行形式审查，对于符合要求的国际申请，国际局在国际注册簿中予以登记，给予国际注册日，并将国际注册在外观设计国际公报中公布。在国际注册公布之后，被指定的缔约方主管局依照其域内法或者适用的国际条约对国际注册是否符合实质性授权条件进行审查，例如审查外观设计的新颖性。主管局认为国际注册不符合该缔约方实质性授权条件的，在国际注册公布后的6个月或12个月（根据可适用的规定）内向国际局发出驳回通知，由国际局在国际注册簿中登记驳回事项并将驳回通知副本传送给申请人。主管局发出驳回通知后进行的程序（包括对驳回通知的答复、复审、无效等）均适用各缔约方域内法的规定，但主管局不得以其内容不符合域内法的形式要求为由驳回国际注册。

如果主管局未在上述期限内向国际局传送驳回通知，则该国际注册最迟应在上述期限届满之日起在缔约方受到保护。自2009年1月1日起，主管局也可以选择在驳回期限内发出给予保护声明，表明其已对相关外观设计给予保护。

国际申请需要缴纳三类费用，即基本费、公布费、标准指定费或者单独指定费。各主管局可以根据意愿选择是否代收和转交上述费用。

（二）文本介绍

《海牙协定》主要有伦敦（1934年）、海牙（1960年）和日内瓦（1999年）三个文本，并由1961年在摩纳哥签订的附加文本和1967年在斯德哥尔摩签订并于1979年修正的补充文本补充完备。其中1934年文本已于2010年1月1日正式冻结，而尽管1960年文本仍对《保护工业产权巴黎公约》（1883年）的成员国开放，但WIPO鼓励未来缔约方政府加入更有优势的1999年文本，因此预计1960年文本也将在不久的将来冻结。于1999年7月2日通过的日内瓦文本是目前最新的修订文本。

《海牙协定》的1999年文本和1960年文本，自成体系且彼此之间完全独立，每个文本都是完整的国际条约。针对国际申请根据其申请人所在地或居住地，或者请求保护的国家所对应的文本，可以采用任一文本或者两个文本。同样地，潜在缔约方（政府间组织除外）可以决定成为任一文本或者两个文本的缔约方。

相较于《海牙协定》1960年文本规定的"只有保护工业产权国际联盟的成员国可以加入本协定"[1]，1999年文本规定："（ⅰ）本组织的任何成员均可签署本文本并成为本文本的缔约方；（ⅱ）设有局办理可在其组织条约所适用的领土内产生效力的工业品外观设计保护的任何政府间组织可签署并参加本文本，但条件是该政府间组织至少有一个成员是本组织的成员，并且此种局不是依第19条作出的通知所涉的局。"[2] 如此一来，拥有《海牙协定》1999年文本加入资格的缔约方数量有了明显增加：一方面，是对注册前进行实质审查的成员开放，例如美国和日本，允许缔约方根据相应的域内保护要件进行实质审查；另一方面，是国际组织能够作为一个公共机构加入1999年文本，例如欧盟知识产权局（EUIPO）和非洲知识产权组织（OAPI）[3]。

依据《海牙协定》1960年文本和1999年文本的规定，提交国际申请的资格限于至少一个《海牙协定》的缔约方有真实和有效工商业营业所或住所的自然人或者法律实体，或者是这些缔约方、作为缔约方的政府间组织的一个成员的国民。其中1999年文本还允许在缔约方有经常居所的申请人提交国际申请。

海牙体系的其他法律文书还包括2024年1月1日修订的《〈海牙协定〉1999年文本和1960年文本共同实施细则》（以下简称《共同实施细则》）和2022年4月1日修订的《适用〈海牙协定〉的行政规程》（以下简称《行政规程》）。

（三）主要特点

1. 优　势

海牙体系的主要作用在于简化申请程序、建立统一的申请标准、减少申请的时间和各种费用成本、协调国际上关于外观设计的贸易争端。

---

[1] 参见：《海牙协定》1960年文本第1条第（2）款。
[2] 参见：《海牙协定》1999年文本第27条第（1）款。
[3] 布灵，等. 外观设计保护：德国、欧盟、美国、日本、中国与韩国的法规与实践［M］. 北京：知识产权出版社，2019：140.

通过海牙体系，申请人只需要使用一种语言，向一个主管局（国际局）提交一件国际申请就可以在指定的多个成员间申请获得外观设计保护，而不必在其要求保护的每个缔约方提交单独的申请，避免了由于各成员申请程序的不同而带来的复杂性。统一使用瑞士法郎缴费的办法也便于相关费用的支付。同时，申请人通过一个国际注册在多个缔约方产生效力，后续对所获得的保护进行管理也更加便捷。

2. 与《保护工业产权巴黎公约》的对比

与上文所述海牙体系的统一化管理相比，《保护工业产权巴黎公约》（以下简称《巴黎公约》）在申请程序、成本费用和管理方式等方面存在明显区别。

在申请程序方面，通过海牙体系，申请人只需向国际局提交一件国际申请，并指定想要寻求保护的成员即可达到目的；而通过《巴黎公约》则需要分别向寻求保护的国家和地区知识产权局提交申请。

在成本费用方面，通过海牙体系，申请人只需要选择海牙体系工作语言，即英语、法语和西班牙语中的一种，使用一种货币——瑞士法郎即可，并且在国际程序中不要求必须委托代理；而通过《巴黎公约》途径分别向海外各国单独提交申请，就要求申请人熟悉不同国家的语言、货币、法律，且通常情况下必须委托该国具有资质的代理人。

在管理方式方面，通过海牙体系，申请人对国际注册所获权利的后续变更，只需向国际局登记并指定相应缔约方即可生效；而通过《巴黎公约》则需向各国单独提交申请，分别管理。

除此之外，海牙体系允许申请人选定时间公布其外观设计，即延迟公布，延迟期限自申请日（有优先权的，通常为优先权日）起不超过30个月。如此一来，在延迟公布期间，申请人可以精准控制外观设计公开的时机，还可以对外观设计产品作充分的考察调研，再决定是否在指定的成员请求保护。

二、缔约方及审查局

截至2024年3月1日，海牙体系共有79个缔约方，涵盖96个国家。其中，1999年文本有72个缔约方。2022年2月5日，我国政府向WIPO总干事交存了《海牙协定日内瓦文本》（1999年）的加入书。中国成为1999年文本的第68个缔约方和海牙联盟的第77个成员。1999年文本已于2022年5月5日在我国生效。

根据《海牙协定》1999年文本第1条的规定，"审查局"指依职权对向其提出的工业品外观设计保护申请进行审查，以至少确定该工业品外观设计是否符合新颖性条件的局。根据我国《专利法》及其实施细则的规定，外观设计专利申请的初步审查范围包括对《专利法》第23条第1款的审查。因此，根据上述规定，国家知识产权局符合海牙体系关于审查局的认定标准。

截至2024年3月1日，海牙体系共有16个审查局，涉及的缔约方分别是加拿大（CA）、中国（CN）、匈牙利（HU）、以色列（IL）、日本（JP）、吉尔吉斯斯坦

(KG)、墨西哥（MX）、韩国（KR）、摩尔多瓦（MD）、罗马尼亚（RO）、俄罗斯（RU）、叙利亚（SY）、土耳其（TR）、土库曼斯坦（TM）、美国（US）以及越南（VN）。

三、国际注册及生效程序

（一）国际局的审查

在收到国际申请后，国际局将审查其是否符合规定的形式要求。国际局不会自行以任何方式评价或者考虑外观设计申请的新颖性，其也无权以上述理由或者其他实质性理由驳回国际申请。

1. 审查的内容

（1）申请表格

提交外观设计国际注册申请需要填写申请表（DM/1）。在收到国际申请表格后，国际局将审查其是否符合规定的形式要求。审查的内容包括：

① 洛迦诺分类号：在申请表格中，可指明所述产品所属的小类。对大类及小类的指明并非强制，因此如未能提供该指明，国际局不会认为属于不规范的情形。然而，如果国际局发现同一国际申请中含有分属于不同洛迦诺分类号的多项外观设计，则就构成了必须改正的一种不规范情形。

② 简要说明书：根据1999年文本的规定，主管局是审查局的任何缔约方，以及为了使某一申请得到一个申请日，其法律要求保护工业品外观设计的申请应当包含简要说明书的缔约方，可以相应地以声明的方式通知总干事。申请人未能提交所需的简要说明书的，将导致国际申请被视为存在不规范的情形，且可能导致国际注册的延后。申请表（DM/1）和电子申请（eHague）界面均清楚地指出了哪些缔约方需要提交简要说明书。

（2）复制件

复制件即要求保护的外观设计的视图，属于国际申请必须提交的内容。根据1999年文本的规定，凡要求就工业品外观设计相关产品的使用提供某些具体视图的缔约方，应以声明的形式将此种要求通知总干事。如果国际申请不符合这些要求，国际局不会发出不规范通知书，但随后的国际注册可能被该缔约方主管局驳回。

（3）费用

国际注册申请应缴付费用的数额在《共同实施细则》所附费用表中规定，单独指定费的数额由相关缔约方规定。费用可由申请人或注册人直接向国际局缴付。如果国际申请是通过申请人缔约方的主管局提交的，且该局同意代收并转交此种费用，则与该申请相关的应缴费用也可通过该局向国际局缴纳。

2. 不规范的情形及后果

在提交国际申请后，国际局将对其进行形式审查，如果存在不规范的情形，国际局将会向申请人或者申请人委托的代理人发出不规范通知书。某些不规范情形可能会致使国际申请的申请日延后，或对某个缔约方的指定失败，申请人需特别注意，在提交申请时应避免产生这种不规范。

（1）会致使国际申请的申请日延后的不规范

在国际局收到国际申请之日，如果该国际申请中有按规定会致使国际申请的申请日延后的不规范情形，则国际申请的申请日应为国际局收到对此种不规范作出更正的日期。会致使国际申请的申请日延后的不规范情形包括：

① 国际申请未使用规定的语言之一；

② 国际申请中遗漏下列内容中的任何一项：

a. 关于要求依 1999 年文本或 1960 年文本进行国际注册的明确或暗含的说明；b. 能使申请人身份得以确定的说明；c. 足以与申请人或其代理人（如有）取得联系的说明；d. 提出国际申请的每一件工业品外观设计的复制件或 1999 年文本第 5 条第 1 款第（iii）项规定的样本；e. 对至少一个缔约方的指定。

（2）有关禁止自我指定的不规范

某个根据 1999 年文本指定的、其主管局是审查局的缔约方，已经声明了禁止自我指定，而且在国际申请中被指明既是申请人的缔约方，又是被指定的缔约方，国际局将忽略对该缔约方的指定。

（3）涉及缔约方声明的具体要求或设计人身份、简要说明及权利要求的不规范

此种不规范的情形涉及下列事项：

a. 缔约方声明的、有关申请人或设计人的特别要求；b. 缔约方根据 1999 年文本第 5 条第 2 款通知的某项附加要求（即，有关设计人身份的说明、简要说明及/或权利要求书）。

如果申请人未能在规定的 3 个月期限内改正这些不规范的情形，国际申请将被视为没有指定相关缔约方。此外，如果申请人未能改正与 1999 年文本第 5 条第 2 款有关的不规范情形，则国际注册日将是国际局收到改正该不规范之日，或者是国际申请的申请日，以较晚之日为准。

（4）其他不规范

国际局还经常会对填写的产品名称、简要说明书/权利要求书发出不规范通知书。对于产品名称，建议使用与洛迦诺分类号对应的产品名称。对于简要说明书/权利要求书，建议采用国际申请表格中推荐的措辞。

3. 不规范通知书的答复

国际局在受理国际申请时，如果发现其不符合可适用的要求，将要求申请人自国际局发出通知之日起 3 个月内就此作出必要的更正。如果申请人未在 3 个月期限内对不规范予以更正，国际申请将被视为放弃。申请人可通过电子申请界面提交对于不规范通知书的答复。

(二) 缔约方主管局的审查

1. 进行非实质性审查的主要缔约方及审查内容

采用非实质性审查的缔约方主要有欧盟、英国、新加坡、非洲知识产权组织等。审查的范围主要包括以下几个方面：

(1) 是否符合外观设计的定义。
(2) 是否能够合案申请。
(3) 外观设计名称是否清楚和规范。
(4) 说明书描述是否正确和规范（如果有）。
(5) 复制件是否符合规范。
(6) 分类号是否正确（对于申请时需要提供分类号的国家或地区）。

2. 进行实质性审查的主要缔约方及审查内容

根据1999年文本第12条第1款规定，缔约方主管局不得以国际注册不符合规定的形式要求为由驳回国际注册，在国际局进行审查后，各缔约方应认为这些要求已经得到满足。例如，主管局不得以未缴纳规定的费用或视图质量不够清楚为由拒绝保护，因为这种核查完全是国际局的责任。但是缔约方可以基于视图没有充分公开请求保护的外观设计申请而发出驳回通知。国际注册在国际外观设计公报公布后，在指定的各缔约方主管局将根据各自法律进行实质审查（如有的话）。如果某个主管局认为国际注册不符合当地法律授予外观设计保护的实质要求，必须在国际注册于国际外观设计公报上公布之日起6个月（审查局是12个月）内向国际局发出驳回通知。申请人有权如同向该缔约方主管局直接提交外观设计申请一样进行答复或者提起复审/上诉。此时，申请人一般需要委托代理人来帮助提供专业的法律意见以及关注答复时限，即使相关缔约方主管局并无委托当地代理人的要求。此后的审查流程适用该缔约方的相关规定。实质性审查的主要内容包括：

(1) 是否为外观设计保护的客体。
(2) 是否具备新颖性或独特性。
(3) 其他各缔约方规定的不能被授予外观设计权的情况。

涉及的主要缔约方有中国、日本、韩国、美国、俄罗斯、加拿大、墨西哥、越南等。

3. 驳回通知和给予保护声明

如果国际局在规定的期限内没有收到缔约方主管局的驳回通知，则国际注册在相应法域内被视为自动生效，产生获得保护的效力。如果未发现实质性缺陷，则指定缔约方主管局可以向国际局发送给予保护声明，表明对国际注册的外观设计给予保护。如果国际注册的实质性缺陷已经在指定缔约方主管局的程序中经修改后被克服，则主管局必须向国际局发送撤回驳回的通知或者给予保护声明。

四、发展现状

（一）各缔约方的授权标准存在差异

海牙体系为申请人在 96 个国家注册多达 100 项外观设计提供了实用的业务方案，但海牙体系并不是授权体系，各个缔约方在外观设计申请的授权标准方面不尽相同。随着越来越多的审查局加入海牙体系，各缔约方主管局的授权标准差异愈发凸显，给创新主体利用海牙体系获得外观设计保护带来了一定的困难。

为了尽量克服各缔约方主管局授权标准不同带来的困扰，近年来，国际局也在不断地推动体系的完善，例如将默认公布期由 6 个月改为 12 个月等。同时，国际局也发布了一些指导原则，以期指导申请人避免国际注册在某个缔约方被驳回。国际局发布了《关于制作并提供复制件以预防审查局以工业品外观设计公开不充分为由可能驳回的指导原则》（至本书成稿更新于 2023 年 5 月），针对视图不足、要求保护外观设计的图样不够清楚、立体产品表面的浮雕和轮廓不够清楚、要求保护的外观设计的复制件在形式/颜色方面的差异等四个方面的内容，对申请人准备的视图提供建议。国际局还发布了《关于一份国际申请中包括多项外观设计以预防可能驳回的指导原则》（至本书成稿更新于 2022 年 5 月），针对不同产品的不同外观设计，同一产品名称的不同外观设计，相同产品不同权利要求部分的外观设计，颜色差异、非必要表面装饰、比例差异、重复要素数量差异、微小细节差异、形状相同但图样不同的外观设计，以多项外观设计呈现的成套物品的外观设计，以单一外观设计的多个视图呈现的成套物品的外观设计等 11 个方面的内容，通过具体模拟案例，给出了建议。

尽管如此，但一份申请文件同时满足多个缔约方授权要求的难度仍然很大，给申请人充分利用海牙体系的优势保护其外观设计增加了难度。

（二）海牙体系对缔约方有一定的限制

根据海牙体系的规定，国际局负责外观设计国际注册申请的形式审查及公布，被指定缔约方的主管局负责对外观设计国际注册申请是否能够给予保护进行审查。对于缔约方主管局而言，首次审查的结论必须发给国际局，由国际局向申请人传送审查结论通知书的副本。

根据《2023 年海牙年鉴》（*Hague Yearly Review 2023*）中发布的数据，在国际局 2022 年收到的国际注册申请中，有接近 60%（59.7%）的申请包含优先权请求。在各主管局的实践中，优先权的审查要求有较大的差别，包括是否需要提交副本、提交方式以及提交时机等在内的要求不尽相同。一方面，申请人可能会因为不了解规定或者操作失误导致没能按要求提交副本；另一方面，缔约方主管局也不能主动向申请人发出视为未要求优先权的正式通知书、设定答复期限并在收到补交文件的情况下恢复优先权。

(三)《海牙协定》的法律体系还在不断完善之中

自 1999 年文本生效以来,《海牙协定》的法律体系在不断地进行完善。其中,《共同实施细则》分别在 2010 年（2 次）、2012 年、2014 年、2015 年、2017 年、2019 年、2021 年、2022 年和 2023 年进行了修改，共计 10 次（在 2010 年之前，1934 年文本尚未冻结，《共同实施细则》适用于 1934 年文本、1960 年文本和 1999 年文本，自 2002 年生效后，分别于 2004 年、2008 年、2009 年和 2024 年进行过 4 次修订）。海牙体系的《行政规程》自 2002 年生效后，分别于 2004 年、2008 年、2012 年、2014 年（2 次）、2019 年和 2022 年进行了修订，共计 7 次。

但是《海牙协定》的最新文本仍是 1999 年的日内瓦文本，距今已有二十余年。1999 年文本允许政府间组织以缔约方的身份加入《海牙协定》，还引入了审查局的概念，使得该体系具有了较大的灵活性。随着越来越多的审查局加入，各审查局授权实质性要求的不同大大增加了海牙体系的复杂性，但日内瓦文本并没有作出更进一步的修改和完善。

海牙体系越来越凸显的复杂性在一定程度上限制了海牙体系的优势。各主管局可能对外观设计国际注册有一些特殊要求，但国际局在形式审查中无法同时兼顾各缔约方主管局的特殊要求并进行初步的审查，例如，我国对申请中的简要说明书有要求、美国对权利要求书有具体要求等。虽然这些要求较容易得到满足，但由于申请人对相关缔约方的要求不甚了解，也最容易因未满足缔约方主管局在这些方面的要求而被主管局驳回。此外，各主管局对于单一性的不同要求，也很难在国际程序中通过技术手段加以协调，导致申请人在指定某些有单一性要求的缔约方时，不能很好地利用海牙体系允许多项设计合案所带来的费用和管理优势。

(四) 小　结

尽管海牙体系存在一定局限性，但海牙体系是 WIPO 主管的三大知识产权体系中最年轻也最具发展潜力的体系。在该体系短时间内无法作出较大调整的情况下，本书的目的就是充分研究主要审查局的授权标准，促进我国创新主体合理利用该体系，最大限度发挥其优势进行外观设计的海外布局。

第二节　研究范围和意义

自韩国、美国和日本加入海牙体系起，创新主体就对在这些国家寻求外观设计保护表达出强烈意愿。随着《海牙协定》1999 年文本在我国生效，我国迅速成为国际申请指定最多的国家之一。据 WIPO 统计，在 2022 年国际申请指定最多的国家中，中国、美国、日本与韩国均位列前十。❶ 因此，上述四个缔约方主管局对国际注册的审查结论与授权标准势必会成为国内外创新主体最关心的问题之一。

考虑到工业设计在全球和国内市场的价值和意义，为持续推动外观设计领域创新，为用户和公众提供更好的服务，促进经济创新发展，由中国国家知识产权局、美国专利商标局、日本特许厅、欧盟知识产权局及韩国特许厅（以下分别简称"我局""美局""日局""欧局""韩局"）组成的世界五大知识产权局在外观设计领域积极开展务实合作，推动形成外观设计五局合作平台（ID5）。自ID5成立以来，已经启动实施多个合作项目，取得了切实有益的合作成果。五局成员均为海牙体系成员，其中我局、美局、日局和韩局为海牙体系审查局。由于提升各局工作质量和效率是五局合作的目标之一，自我国加入海牙体系后，ID5也将开展对国际注册审查的比较研究。因此，结合外观设计五局的发展动向以及我国创新主体向外申请的数据，本书确定美局、日局和韩局为主要研究对象。

同时，为更全面地了解其他主要审查局的授权标准，本书还对近年来我国申请人指定数量较多的加拿大、俄罗斯及越南的主管局（以下分别简称"俄罗斯局""加拿大局""越南局"）的审查结论进行分析。

根据海牙体系的规定，被指定缔约方的主管局依据其域内法对外观设计国际注册申请是否能够给予保护进行审查。本书在深入研究各主要审查局相关域内法规的基础上，为进一步印证各局法律制度在实践中的应用情况，从实际出发，在2021年国际外观设计公报中公布的6446件国际注册中，选取其中同时指定美国、日本与韩国的国际注册共420件，涉及768项设计开展研究。这些国际注册中有196件还同时指定了加拿大，203件同时指定了俄罗斯，116件同时指定了越南。各主要审查局针对这420件国际注册共发送超过2500份通知书❷，其中美局、日局和韩局发送超过1900份通知书。

本书通过查阅、分析各主要审查局针对上述国际注册的通知书，对相关审查实践进行比较，从而研究并推断其具体审查标准，为我国创新主体的外观设计海外布局提供有针对性的帮助。

---

❶ 参见：WIPO. Designations in international applications for the top 20 most designated Hague members，2022，Hague Yearly Review 2023。

❷ 日局针对每一项设计发送通知书。

第二章　主要国家相关法律规定及对比分析

第一节　主要国家相关法律规定*

本节摘录了中国、美国、日本、韩国外观设计法律中关于外观设计的定义、清楚表达、新颖性、创造性、单一性等主要与授权（注册）相关的法条。❶

一、中　国

2020 年修改的《专利法》第 2 条第 4 款规定了外观设计的定义：外观设计，是指对产品的整体或者局部的形状、图案或者其结合以及色彩与形状、图案的结合所作出的富有美感并适于工业应用的新设计。

《专利法》第 5 条第 1 款规定了对违反法律、社会公德和公共秩序的审查：对违反法律、社会公德或者妨害公共利益的发明创造，不授予专利权。

《专利法》第 9 条规定了禁止重复授权和先申请原则：同样的发明创造只能授予一项专利权。……两个以上的申请人分别就同样的发明创造申请专利的，专利权授予最先申请的人。

《专利法》第 23 条中规定了实质性授权条件：授予专利权的外观设计，应当不属于现有设计；也没有任何单位或者个人就同样的外观设计在申请日以前向国务院专利行政部门提出过申请，并记载在申请日以后公告的专利文件中。授予专利权的外观设计与现有设计或者现有设计特征的组合相比，应当具有明显区别。

《专利法》第 24 条规定了不丧失新颖性的情况：

申请专利的发明创造在申请日以前六个月内，有下列情形之一的，不丧失新颖性：

（一）在国家出现紧急状态或者非常情况时，为公共利益目的首次公开的；

（二）在中国政府主办或者承认的国际展览会上首次展出的；

（三）在规定的学术会议或者技术会议上首次发表的；

（四）他人未经申请人同意而泄露其内容的。

《专利法》第 25 条第 1 款第 6 项规定了排除出保护客体的设计：对平面印刷品的

---

* 本节仅列举中国、美国、日本、韩国四国外观设计相关法律法规。

❶ 由于篇幅限制主要摘录实体内容相关条款，程序性条款未收入。

图案、色彩或者二者的结合作出的主要起标识作用的设计。

《专利法》第 27 条第 2 款规定了清楚表达的授权标准：申请人提交的有关图片或者照片应当清楚地显示要求专利保护的产品的外观设计。

《专利法》第 31 条第 2 款规定了单一性的要求：一件外观设计专利申请应当限于一项外观设计。同一产品两项以上的相似外观设计，或者用于同一类别并且成套出售或者使用的产品的两项以上外观设计，可以作为一件申请提出。

《专利法》第 33 条规定了申请文件修改的要求：申请人可以对其专利申请文件进行修改，但是，对发明和实用新型专利申请文件的修改不得超出原说明书和权利要求书记载的范围，对外观设计专利申请文件的修改不得超出原图片或者照片表示的范围。

2023 年修改的《专利法实施细则》第 40 条规定了合案申请的规则：

依照专利法第三十一条第二款规定，将同一产品的多项相似外观设计作为一件申请提出的，对该产品的其他设计应当与简要说明中指定的基本设计相似。一件外观设计专利申请中的相似外观设计不得超过 10 项。

专利法第三十一条第二款所称同一类别并且成套出售或者使用的产品的两项以上外观设计，是指各产品属于分类表中同一大类，习惯上同时出售或者同时使用，而且各产品的外观设计具有相同的设计构思。

将两项以上外观设计作为一件申请提出的，应当将各项外观设计的顺序编号标注在每件外观设计产品各幅图片或者照片的名称之前。

二、美　国

《美国法典》第 35 篇[1]第 102 条规定了可享专利性的新颖性条件：

（a）新颖性：现有技术

除下列情形外，一个人有权获得专利：（1）在要求保护的发明的有效申请日以前，已经有人就此获得专利，或者在印刷出版物上已有描述的，被公开使用、销售或其他方式为公众所知的；（2）要求保护的发明在根据第 151 条授予的专利中已有描述的，或者根据第 122 条（b）款在专利申请中被公布或被视为公布（其中的专利或专利申请，视情况而定），或者已经另有发明人署名且在要求保护的发明的有效申请日以前已有有效的申请的；

（b）例外

（1）要求保护的发明有效申请日之前 1 年或 1 年以内的披露：要求保护的发明有效申请日之前 1 年或 1 年以内的披露不会成为（a）款（1）项规定的要求保护发明的现有技术，如果

（A）该披露是由发明人或共同发明人或直接或间接从发明人或共同发明人处获得被披露主题的另一人作出的；或者

---

[1] 更新至 2022 年 12 月 29 日，摘录仅适用于《美国发明法案》之后的条款。

(B) 被披露的主题在这样的披露之前，被发明人或共同发明人或直接或间接从发明人或共同发明人处获得被披露的主题的另一人公开披露过。

(2) 申请和专利中出现的披露：要求保护的发明的披露不会成为（a）款（2）项规定的请求保护的发明的现有技术，如果

(A) 被披露的主题是直接或间接从发明人或共同发明人处获得的；

(B) 被披露的主题在这样的主题根据（a）款（2）项被有效地申请之前，已经被发明人或共同发明人或直接或间接从发明人或共同发明人处获得被披露的主题的另一人公开披露了；或者

(C) 被披露的主题和要求保护的发明，在不晚于请求保护的发明的有效申请日，被同一人所有或负有转让于同一人的义务。

(c) 基于共同研究协议的共同所有：

被披露的主题和请求保护的发明应适用（b）款（2）项（C）目的规定，即视为被同一人所有或负有转让于同一人的义务，如果

(1) 被披露的主题的开发和请求保护的发明是在要求保护的发明的有效申请日或该日之前，由有效的共同研究协议的一个或多个当事人或者其代表作出的；

(2) 要求保护的发明的作出是共同研究协议范围内进行的活动的结果；以及

(3) 请求保护的发明的专利申请披露了或者修改后披露了共同研究协议的当事人姓名。

(d) 可以作为现有技术的专利和已公布申请：

为了确定一件专利或专利申请是否是（a）款（2）项规定的要求保护发明的现有技术，此专利或申请应被视为有效地申请了，并与发明或申请中叙述的任何主题相关的——

如果（2）项不适用，那么即为专利或专利申请的实际提交日；或者

如果专利或专利申请有资格享有第119条、第365条（a）款或者（b）款规定的优先权，或者受益于第120条、第121条和第365条（c）款规定的较早提交日，基于一件或多件在先提交的专利申请，则为描述该主题的最早申请的申请日。

《美国法典》第35篇第103条（a）款规定了可享专利性的非显而易见性条件：一项请求保护的发明，虽然并未像第102条所述的已经完全相同地披露过或者描述过，但是如果要求保护的发明与现有技术之间的差异是这样的微小，以至于该要求保护的发明作为一个整体在该发明的有效申请日之前对其所属技术领域普通技术人员是显而易见的，则不得授予专利。可享专利性不应根据作出发明的方式而予以否定。

《美国法典》第35篇第112条（a）和（b）款规定了说明书的要求：

说明书

(a) 一般规定

说明书应包含对发明以及对发明的制造、使用的方式和方法，以完整、清晰、简洁和确切的词语进行书面描述，使发明所属领域的任何技术人员，或者与该发明联系很密切的人员，都能制造和使用该发明；说明书还应公布发明人或共同发明人所熟知的实施该发明的最佳方式。

（b）结论

说明书应以一项或几项权利要求作为结论，以具体指出并明确主张发明人或共同发明人视作其发明的主题。

《美国法典》第35篇第119条（a）款规定了享有优先权的情形：

任何在美国提交发明专利申请的人，如果此人或者其法定代理人、受让人，先前已经就同一发明向外国提交过正式的专利申请，而该外国对于在美国提交的申请，或者对于美国公民提交的申请，或者在世界贸易组织（WTO）成员提交的申请给予同样的优惠，并且在美国提交的申请是在该申请最早在该外国提交申请之日起12个月以内提交的，那么上述在美国提交的申请具有的效力，与该申请就同样的发明专利申请首次在外国提交之日向美国提交时所具有的效力相同。如果在美国提出的申请是在该外国最早提出专利申请之日起12个月内提出的，则在美国的申请应在该外国申请最早提交之日起12个月内提出。局长可以制定法规，包括第41条（a）款（7）项规定的缴费要求，据此，如果在12个月期限内在本国提交申请的延迟是无意的，则可将本款规定的12个月期限再延长2个月。

《美国法典》第35篇第121条规定了分案的要求：

如果一件专利申请包括两项或两项以上独立且不同的发明，局长可以要求将该申请限制在其中一项发明上。如果另一项发明成为一件分案申请的主题，且该分案申请符合本篇第120条的要求，那么该分案申请有权享受原申请提交日的利益。如果分案申请是在其他申请被授予专利以前提交的，那么对根据本条要求加以限制的申请所颁发的专利，或者对作为此要求的结果而另行提交的申请所颁发的专利，在专利商标局或者法院均不得作为依据，用以对抗分案申请，或者对抗原申请，或者对抗基于其中任何一项申请所颁发的专利。专利的效力并不因为局长未要求将申请限于一项发明而受影响。

《美国法典》第35篇第171条规定了外观设计的定义：

任何人对一种工业产品作出了一项新的、原创的和装饰性的设计，只要符合该篇规定的条件和要求，即可获得专利。

该法与发明专利有关的规定，适用于外观设计专利，另有规定的除外。

三、日本

日本《外观设计法》[1] 第2条第1款规定了外观设计的定义：外观设计，是指能够引起视觉上美感的物品（含物品的构成部分）的形状、图案、色彩或者其结合。其中，物品的构成部分的形状、图案、色彩或者其结合包括建筑物（包含建筑物的部分）和图像（包含图像的部分，仅限于为了该设备操作或发挥其功能显示的图像），其视觉呈现具有美观性。

---

[1] 该法于2019年05月17日修订。

日本《外观设计法》第 3 条规定了外观设计注册的要件（新颖性和创造性）：

创作了适于工业应用的外观设计的人，除下述外观设计之外，均可就其外观设计获得外观设计注册：（ⅰ）外观设计注册申请前在日本国内或者国外已公知的外观设计；（ⅱ）外观设计注册申请前在日本国内或者国外所发行的出版物上已有记载的外观设计或者公众通过电信线路可获知的外观设计；（ⅲ）与前两项所列外观设计类似的外观设计。

外观设计注册申请前，具备该外观设计所属技术领域一般知识的人根据在日本国内或者国外已公知的形状、图案、色彩或者其结合能容易地创作出该外观设计的，不受前款的规定，不能就该外观设计（前款各项所列者除外）获得外观设计注册。

日本《外观设计法》第 3 条之二规定了抵触申请：

外观设计注册申请所涉及的外观设计，与在其申请日前提交的，并且在其申请日后根据第 20 条第 3 款或者第 66 条第 3 款的规定在外观设计公报上刊载的其他外观设计注册申请（该条中称"在先外观设计注册申请"）的申请书的记载及申请书所附的图片、照片、模型或者样品所表现的外观设计的一部分相同或近似时，不受前条第 1 款的规定限制，不能取得外观设计注册。但是，当申请的申请人与上述在先外观设计注册申请的申请人为同一人，且根据第 66 条第 3 款的规定在登载在先外观设计注册申请的外观设计公报（依该条第 4 款的规定登载该条第 3 款第 4 项事项的除外）的发布日前提出该外观设计注册申请的，则不受此限。

日本《外观设计法》第 4 条规定了丧失新颖性的例外：

违背有权取得外观设计注册的人的意愿，造成外观设计注册符合第 3 条第 1 款第（ⅰ）项或第（ⅱ）项时，有权取得外观设计注册的人就该外观设计在符合之日起一年内提出外观设计注册申请的，在适用该条第 1 款及第 2 款的规定时，其外观设计视为不符合该条第 1 款第（ⅰ）项或者第（ⅱ）项的规定。

因有权取得外观设计注册的人的行为，造成外观设计注册申请符合第 3 条第 1 款第（ⅰ）项或者第（ⅱ）项时，有权取得外观设计注册的人就该外观设计在符合之日起一年以内提出外观设计注册申请的，该条第 1 款及第 2 款的适用也与前款相同。

日本《外观设计法》第 5 条之一规定了不能授予外观设计注册的条件：

下列外观设计，尽管有第 3 条的规定，也不能获得外观设计注册：（ⅰ）可能有害于公共秩序或者善良风俗的外观设计；（ⅱ）可能与他人业务相关物品、建筑物或者图像发生混淆的外观设计；（ⅲ）仅由为确保物品功能而不可欠缺的形状或者建筑物使用必需的形状构成的外观设计，或仅有图像使用必需的指示构成的外观设计。

日本《外观设计法》第 7 条规定了"一设计一申请原则"：每件外观设计必须根据经济产业省条例分别提出注册申请。

日本《外观设计法》第 8 条规定了成套产品的规则：同时使用的两个或两个以上物品、建筑物或者图像（以下称"套件"）的外观设计根据经济产业省的规定，其作为套件的整体，可以作为一项外观设计提出申请取得注册。

日本《外观设计法》第 8 条之二规定了室内设计：与构成商店、办公室和其他场所的内部设备和装饰（以下称"内部装饰"）的物品、建筑物或图像有关的外观设计，如内部装饰整体给人以统一的美学印象，可作为单一外观设计申请和注册。

日本《外观设计法》第9条规定了禁止重复授权、先申请原则：

对于相同或者类似的外观设计，在不同日提出两项以上的外观设计注册申请的，只有最先提出外观设计注册申请的人才能就其外观设计获得外观设计注册。

对于相同或者类似的外观设计，在同一日提出两项以上的外观设计注册申请的，只能由外观设计注册申请人协商决定的一个外观设计注册申请人获得外观设计注册。如协商不成立，或者不能协商时，任何申请人均不能获得外观设计权。

日本《外观设计法》第10条第1款规定了关联外观设计制度：

与外观设计注册申请人从其申请注册的外观设计中或者已注册的外观设计中选择出的一项外观设计（以下称"主要外观设计"）类似的外观设计（以下称"关联外观设计"），尽管有第9条第1款或第2款的规定，在主要外观设计申请提交的当日或之后，且在主要外观设计申请提交日起10年之内，可以取得外观设计注册。

四、韩　国

韩国《外观设计保护法》❶第2条规定了外观设计的定义：

外观设计，是指产生视觉美感印象的产品（包括产品的一部分、字体和图像）的形状、图案、色彩或其结合。"字体"是指用于记录、标记或印刷等，具有共同设计特征的一套字样（包括数字、标点符号和记号等），其形式具有共同的特点。"图像"是指以数字技术或电子方式表示的形状符号（仅限于用于操作设备或实现功能，包括图像部分）。

韩国《外观设计保护法》第33条规定了外观设计的注册条件（新颖性、创造性和抵触申请）：

（1）适于工业应用的外观设计可以被注册，但是，下列情形除外：

① 外观设计注册申请之前，该外观设计已在韩国或者外国为公众所知或公开实施；

② 外观设计注册申请之前，该外观设计已刊载在韩国或者外国发行的出版物上，或者属于通过电信线路公众可以获得的外观设计；

③ 该外观设计与本款第①项或者第②项所述的外观设计相近似。

（2）尽管有本条第（1）款的规定，外观设计注册在申请之前，如果本领域具有通常知识的人根据下列情形能够容易地创作出该外观设计[本条第（1）款所述的外观设计除外]，该外观设计不得被注册。

① 属于本条第（1）款第①项或者第②项所述的外观设计组合的外观设计；

② 属于国内外广为人知的形状、图案、色彩或者其组合的外观设计。

---

❶ 该法于2023年06月20日修订。

（3）一件外观设计注册申请，与其申请之后根据本法第52条、第56条或者第90条第（3）款规定在外观设计公报上刊登的其他外观设计注册申请申请求书的记载事项和附图、照片或者样品所表达的外观设计的一部分相同或者近似的（仅限于在提交相关外观设计注册申请日之前提交的申请），即使有本条第（1）款的规定，该外观设计也不能给予注册。

韩国《外观设计保护法》第34条规定了不予注册的外观设计：

属于下列情形之一的外观设计，即使有本法第33条的规定，也不能给予注册：

（1）与韩国国旗、国徽、军旗、勋章、奖章、徽章、其他公共机构的纪念章，或者外国的国旗、国徽，以及国际组织的文字或者标志相同或者近似的外观设计；

（2）外观设计传达的含义或者表示的内容等属于违背普通群众通常的道德观念或者善良的风俗习惯，或者有可能损害公共秩序的外观设计；

（3）与他人业务相关的产品可能产生混淆的外观设计；

（4）仅由实现产品功能不可或缺的形状组成的外观设计。

韩国《外观设计保护法》第35条规定了关联外观设计制度：

（1）即使有本法第33条第（1）款各项的规定及本法第46条第（1）款和第（2）款的规定，外观设计权人或者外观设计注册申请人有权就与自己的注册外观设计或者已提交注册申请的外观设计（下称"主要外观设计"）近似的外观设计（下称"关联外观设计"）获得外观设计注册，条件是该关联外观设计必须是自主要外观设计的申请日起三年内提出。

（2）与依本条第（1）款规定已注册的关联外观设计或者已申请注册的关联外观设计近似的外观设计不能给予外观设计注册。

（3）主要外观设计的外观设计权根据本法第97条被授予独占许可（下称"独占许可"）的，即使有本条第（1）款的规定，该主要外观设计的关联外观设计也不能获得外观设计注册。

韩国《外观设计保护法》第36条规定了丧失新颖性的例外：

（1）有权获得外观设计注册的人拥有的外观设计，如果存在本法第33条第（1）款第①项或第②项规定的情形，并且该拥有者在前述条款发生之日起12个月内又就该外观设计提交申请的，那么在适用本法第33条第（1）或第（2）款规定时，该申请被视为不属于第33条第（1）款第①项或第②项规定的情形。

（2）申请适用本条第（1）款规定的人，应在下面所列期限内，向特许厅厅长或者特许审判院院长提交写明其目的的书面证明文件。

① 根据本法第37条规定提交外观设计注册申请书时。在这种情况下，证明文件应当自申请日起30天内提交。

② 在根据本法第62条作出外观设计注册拒绝决定（相当于驳回决定）或者根据本法第65条作出外观设计注册决定（下称"外观设计注册或拒绝注册决定"）的通知书发出之前。在这种情况下，证明文件应当自提交写明其目的的书面证明文件之日起30天内，且必须在作出外观设计注册或拒绝注册决定之前提交。

③ 根据本法第68条第（3）款规定提交针对不经审查的外观设计注册异议申请的答辩书时。

④ 根据本法第134条第（1）款规定提交针对审判请求（仅限于外观设计注册无效审判）的答辩书时。

韩国《外观设计保护法》第40条规定了"一设计一申请"制度：

（1）一件外观设计注册申请应当仅涉及一项外观设计；

（2）外观设计注册申请人应当按照产业通商资源部令规定的产品类别提交申请。

韩国《外观设计保护法》第41条规定了复数外观设计注册申请：

尽管有本法第40条第（1）款的规定，外观设计注册申请人可以在产业通商资源部令规定的产品类别［属于洛迦诺同一大类的产品，具体指洛迦诺分类表中01、02、03、05、09、11、19类的产品］中，就相同类别的产品不超过100项的外观设计作为一件外观设计注册申请（下称"复数外观设计注册申请"）提出。在这种情况下，每项外观设计应当分别表达。

韩国《外观设计保护法》第42条规定了可以作为成套产品的外观设计：

（1）两个以上的产品作为一套产品同时使用的，如果该成套产品的外观设计作为一个整体具有统一性时，可以作为一件外观设计注册申请提出。

（2）本条第（1）款所述的成套产品的类别由产业通商资源部令规定。

韩国《外观设计保护法》第46条规定了先申请原则：

（1）两个以上的外观设计注册申请人于不同日期就相同或者近似的外观设计提出注册申请的，只有最先提交注册申请的人才能获得外观设计注册。

（2）两个以上的外观设计注册申请人于同日就相同或者近似外观设计提出注册申请的，只有经过全体申请人协商确定的那个申请人才能获得外观设计注册。不愿协商或者协商不成的，所有申请人均不能获得外观设计注册。

（3）如果外观设计注册申请被无效、撤回或者放弃，或者属于根据本法第62条规定已作出拒绝注册决定或者对拒绝注册决定不服提出程序的审决已生效，那么该外观设计在适用于本条第（1）款及第（2）款规定时视为自始即不存在。但是，排除属于本条第（2）款后半部分规定，且根据本法第62条规定已作出拒绝注册决定或者对拒绝注册决定不服提出程序的审决已生效的情况。

（4）无权利人提交的外观设计注册申请在适用本条第（1）款及第（2）款规定时视为自始即不存在。

（5）对于本条第（2）款中规定的情形，特许厅厅长应当责令申请人在指定期限内申报协商的结果。如果在指定期限内未申报协商结果的，则视为未达成本条第（2）款规定的协议。

第二节　主要国家相关法律的对比分析

通过横向对比主要国家相关外观设计法律中关于保护客体、清楚表达、新颖性、创造性和单一性审查等方面的规定，创新主体可以全面了解其他国家和我国现行外观设计制度的差异，从而有针对性地调整创新行为，进行申请策略规划，在国际竞争中取得优势。

一、外观设计的保护客体

在我国引入局部外观设计保护制度后，主要国家相关法律关于外观设计的定义本身趋同，即外观设计的对象为产品（物品）或其部分，设计要素为形状、图案和色彩，并且设计应当是新的（原创）并具有美感。但涉及具体某类设计是否为外观设计保护客体，有的给予相同保护方式，有的直接在定义中即对某类设计作出规定，有的则是对相同或类似定义作出不同解释和运用。其中美国对于外观设计保护类型的定义较为宽泛，部分规则需通过判例明确，而日本、韩国近年法律修改方向显示出其保护客体范围呈明显的扩大趋势。

（1）图案设计

由于主要国家相关法律中均明确其外观设计的载体为产品（物品），单纯的图案设计无法获得授权，必须与相应的产品结合或是应用于相应的产品。

（2）字体设计

我国和日本均坚持外观设计的载体为产品（物品），而字体不属于产品，因此不给予保护。韩国《外观设计保护法》第2条直接列举了字体是其保护客体，并在其审查指南中规定字体应当被视为产品，除了不附带形状，其符合《外观设计保护法》第2条关于外观设计的其他描述。在美国，字体设计也可以获得保护，理由是字体或其中字母、符号均是由实体块生成，不会以不符合"工业产品"要求为由驳回字体专利申请。

（3）图形用户界面

虽然主要国家均保护图形用户界面，但提供的保护方式存在差异。在我国，图形用户界面是作为产品的图案设计进行保护的，虽然通用产品的图形用户界面视图可以不包含其应用的设备，但实际上仍将其视为产品的局部外观设计进行保护。同样地，美国的图形用户界面也被视为产品的表面装饰或者一部分，作为局部外观设计满足外观设计定义中关于产品的要求，但对于图形用户界面是否要满足人机交互的功能特征，并无限制。在日本、韩国，图形用户界面可以作为产品的局部给予保护，而且对于图像本身也可以给予保护，并在相应的外观设计定义中直接列出了图像，审查中对图形用户界面有实现功能的要求，但不要求图像必须显示于物品表面。

（4）室内设计

在我国，室内设计由于没有产品载体通常不属于保护客体，但一些特殊类型的室内设计例如整体厨房、电梯轿厢内部等可以得到保护。美国和日本的室内设计均可以得到外观设计保护。并且，日本除了可以将工业上大规模生产并在市场上分销时作为动产处理的物体本身视为物品，将工厂生产产品内部的固定形式（例如浴室、用于组装的建筑单元）作为局部外观设计获得外观设计注册外，对于不动产内部设计，只要其具有统一的美感，也给予保护。韩国可以通过成套产品保护部分满足条件的室内设计，但如果室内设计为通常的布局设计或者以多个产品排列为特征，则不属于外观设计定义的产品范畴。

（5）建筑设计

在我国，建筑外观设计属于外观设计保护客体，仅排除了取决于特定地理条件的建筑物。美国的建筑设计同样能获得授权。日本不仅保护装配式建筑物，而且保护一般建筑物，并在其外观设计定义中直接列出了建筑物。韩国外观设计定义中的产品指具体和独立的动产，因此建筑物通常不是保护客体，但存在例外，即建筑物在复制和移动的情况下可以视为物品，获得外观设计保护。以上国家外观设计客体保护情况的汇总如表2-2-1所示。

表2-2-1 主要国家外观设计保护客体总结表

国别	类型					
	局部设计	图案设计	字体设计	图形用户界面	室内设计	建筑设计
中国	√	×	×	√	○	√
美国	√	×	√	√	√	√
日本	√	×	×	√	√	√
韩国	√	×	√	√	○	○

注：√为提供保护，×为不提供保护，○对于部分满足条件的提供保护。

二、外观设计的清楚表达

主要国家对外观设计清楚表达的规定均比较上位，但本质要求均为视图清楚、公开充分和具体。自日本于2019年废除立体产品六面视图要求后，仅我国在《专利审查指南2023》中对视图数量有明确要求，其他主要国家对于具体视图数量均不作要求。但立体产品的三维形状能够明确、局部外观设计区分要求保护和不要求保护的部分这些基本要求大致相同。多数情况下，立体产品仍需要提交多幅正投影视图或者立体图；部分情况下，可能还会需要提交剖视图等额外视图。

三、新颖性和创造性

（一）审查范围

关于外观设计实质性授权条件的表述，虽然主要国家法律规定各不相同，但大致均可以归为新颖性和创造性（非显而易见性）两方面的要求，即外观设计应当具有新颖性和创造性，只是在授权（注册）阶段审查范围不同。

我国针对外观设计专利申请进行明显新颖性和创造性审查。美国、日本均对所有专利申请进行全面的实质审查，包括外观设计的新颖性和创造性。韩国对于洛迦诺分类号为第01、02、03、05、09、11大类的外观设计申请实施部分实质审查，仅审查形式问题和是否存在韩国《外观设计保护法》第34条规定的不予注册的情形，不审查新颖性和创造性条款；对于其他类别的申请进行全面的实质审查，具体参见表2-2-2。

表2-2-2 新颖性和创造性审查范围总结表

国　别		审查范围	
		新颖性	创造性
中国		√	√
美国		√	√
日本		√	√
韩国	第01、02、03、05、09、11大类	×	×
	其他	√	√

注：√为提供审查，×为实施部分实质审查。

（二）判断主体

其他主要国家对于新颖性的表述不同，但与我国"相同"和"实质相同"的判断标准没有本质差异，判断主体均不是专业人员；而在创造性方面，单纯就判断主体概念而言，其他国家为所属领域普通技术人员或者类似概念，相较我国为一般消费者要求更高，但实践中仍要考虑申请及其所属领域的具体情况。

（三）抵触申请

主要国家均存在抵触申请或类似制度，即在先申请记载了与在后申请相同或近似的外观设计且于在后申请的申请日后公告，因而构成在后申请的抵触申请，导致在后申请无法授权。差异在于其他主要国家在先申请人要求为他人，即同一申请人的在先申请不构成抵触申请，而在我国同一申请人的在先申请也会构成抵触申请。

在此基础上，日本和韩国解决同申请人问题的是禁止重复授权和其例外——关联外观设计制度。美国禁止重复授权制度较为特殊，分为法定重复授权和非法定重复授权：法定重复授权的对比判断标准同新颖性，非法定重复授权的对比判断标准同非显而易见性，非法定重复授权可以通过期末放弃声明剪除过长的保护期限来克服。

(四) 新颖性宽限期

关于新颖性宽限期的规定涉及两个方面：一是新颖性宽限期的范围，即采用广义宽限期还是狭义宽限期；二是宽限期的期限是 6 个月还是 12 个月。其中美国的情况较为特殊，除了设计人的外观设计不会因申请日之前 12 个月内的披露而丧失新颖性之外，申请人还享有其他人所不具备的优先权，这与美国先发明制的传承和鼓励公开的政策是一致的。所谓优先权的情形为：当不同申请人分别独立完成相同的设计（尽管这种可能性微乎其微）并先后公开时，先公开的申请人在宽限期内即使申请在后仍可以取得专利权。而从日本、韩国法律修改趋势来看，对于新颖性宽限期的规定明显趋向于更为宽松，即采用广义宽限期（来源为申请人的公开不破坏其申请的新颖性）和 12 个月期限，包括新颖性宽限期材料的提交要求也是逐步放宽、审查实践中申请人通常仅需提交首次公开的证明。我国仍采用狭义宽限期和 6 个月期限，能够享受宽限期的仅限《专利法》明确规定的四种情况。具体参见表 2-2-3。

表 2-2-3　主要国家外观设计保护新颖性宽限期总结表

国　别	狭义宽限期	广义宽限期	期限
中国	√		6 个月
美国		√	12 个月
日本		√	12 个月
韩国		√	12 个月

注：√表示采用此种宽限期。

四、单一性

主要国家法律中均有"一设计一申请"的类似表述，即一件申请通常只包含一项设计，一件申请包含多项设计为例外。其中日本实质上没有合案制度，多项设计申请会被拆分为单独的外观设计申请。主要国家有关单一性的制度规定如表 2-2-4 所示。

表 2-2-4 合案申请和关联外观设计制度总结表

国 别		制度类型					
		多项设计		成套产品		关联外观设计	
		制度有无	独立权利	制度有无	独立权利	制度有无	提出期限
中国		√	√	√	√	×	
美国		√	×	×		×	
日本		×		√	×	√	10 年
韩国	第 01、02、03、05、09、11 大类	√	√	√	×	√	3 年
	其他	×					

注：√为采用此种制度或每项设计具有独立权利要求，×为没有采用此种制度或者每项设计不具有独立权利要求。

（一）合案申请

我国可以合案申请的情况分为相似外观设计和成套产品的外观设计两种。其中相似外观设计有最高为 10 项的数量限制，成套产品须满足同一类别且同时出售或者使用的要求，上述两种情况每项设计均有独立权利。美国可以包含在一件申请中的多项外观设计必须相互不具有新颖性和非显而易见性，实际上被视为一项权利要求的多个实施例。日本成套产品的外观设计限于其规定的 43 类成套产品，且外观设计整体上具有统一性，只构成一项权利。韩国对于洛迦诺分类号为第 01、02、03、05、09、11 大类（同其部分审查的类别）的申请，可以提出 100 项以内的设计，每项设计均产生权利；其成套产品限于其规定的 86 类产品，要求整体上是统一的，同日本一样只构成一项权利。

（二）关联外观设计

日本和韩国均有关联外观设计制度，允许申请人在一定期限内对改进外观设计提出关联外观设计申请，不会因主要外观设计影响其新颖性和创造性，其保护期限以主要外观设计保护期限为限。关联外观设计与单一性没有直接联系，但在实践中往往需要与合案申请制度配合。日本、韩国关联外观设计制度虽然较为接近，但具体规定仍存在差异。例如日本可以在主要外观设计申请日起 10 年内提出关联设计，并且可以以关联外观设计为主要外观设计继续提出关联外观设计；韩国关联外观设计提出的时间为主要外观设计申请日 3 年内，但不能就关联外观设计继续提出关联外观设计申请。

第三节 本章小结

从上述主要国家外观设计相关法律规定来看，尽管由于法律体系、制度沿革和国内产业发展状况等方面原因，主要国家在条款设置和具体规定上存在差异，但外观设计基本法律制度的立法考量逐步趋向一致。目前我国与其他三国差异最大的是关于新颖性宽限期的规定。此外，日本、韩国的关联外观设计制度也值得关注。

（一）新颖性宽限期

采用广义宽限期主要从设计人、申请人利益出发，一方面，设计人在设计创作过程中越来越多地需要与社会各个方面进行交流，以闭门造车方式完成设计的情况已经比较少见；另一方面，大量外观设计产品需要投入市场检验来确定最终保护的对象。而采用狭义宽限期主要从社会公众利益出发，使得社会公众对于外观设计保护范围始终有明确的知晓，保证了外观设计制度对第三人的确定性。主要国家由此选择了不同的新颖性宽限期制度，但这给申请人申请造成不便，且往往只能按照最为严格的规定进行准备。

从我国产业发展的实际情况看，由于缺乏知识产权意识、内部协调不畅等原因，不少创新主体都存在自己在先公开的问题，进而破坏了申请的新颖性。这一情况在专利权评价报告和无效审查中并不鲜见，在中小微企业层面就更为突出。因而，如果申请人想要在我国获得外观设计专利申请的授权，在申请前就必须做好相应的保密工作。此外，即使已经采用12个月广义宽限期的日本，其国内有关进一步降低手续要求的呼声也很强烈；韩国最新《外观设计保护法（修正案）》也有进一步放宽新颖性宽限期手续要求的修改。因此，在采用广义宽限期的国家申请外观设计，申请人应关注声明手续和证明材料的准备。

（二）关联外观设计

日本、韩国的关联外观设计制度，一方面，可以保护一定时期内先后作出的带有"品牌DNA"的设计，有助于创新主体设计品牌效应的建立；另一方面，通过限制关联外观设计的保护期，剪除了禁止重复授权原则所要避免的过长保护期，兼顾了社会公众的利益。日本、韩国关联外观设计制度经历了较长时间的运用，其中有多次修改，相关规定已经非常详细且各有特点，充分利用此项制度可以让创新主体更好地完成外观设计保护布局。我国的相似外观设计制度可以类比为在数量（最多10项）和时间（申请日同时提出）方面有严格限制的关联外观设计制度，创新主体结合本国优先权可以解决系列外观设计申请的一部分问题，但在实践中仍要注意防范被本人的在先外观设计专利无效的情况。

第三章　有关外观设计保护客体的审查标准

在本书抽样的 420 件外观设计国际注册中，被美局、日局、韩局至少一个局在其驳回通知书中指出不属于外观设计保护客体的仅有 5 件。其中，各有 1 件国际注册由 2 个局和 3 个局共同指出不属于外观设计保护客体。

同时，该 420 件国际注册中有 203 件指定俄罗斯，196 件指定加拿大，116 件指定越南。从上述三个局发出的驳回通知书来看，因不符合外观设计保护客体要求而被驳回的国际注册数量也非常少。由此可见，不属于外观设计保护客体并非国际注册中存在的主要缺陷。

第一节　相关案例及案情分析

一、案例介绍

（一）图案设计

1. 案例 3-1

（1）案件基本情况

申请号：DM/213025

产品名称：Logo（标识）

国际公布视图如图 3-1-1 所示。

图 3-1-1　DM/213025 申请的国际公布视图

主要审查局有关保护客体的审查结论如表3-1-1所示。

表3-1-1 DM/213025 审查结论汇总

审查局	有关保护客体的审查结论	适用法条
美局	未发通知书	
日局	不属于外观设计保护客体	日本《外观设计法》第2条第1款
韩局	不属于外观设计保护客体	韩国《外观设计保护法》第2条第（1）款
加拿大局	不属于外观设计保护客体	加拿大《外观设计法》第2条
俄罗斯局	属于外观设计保护客体	
越南局	不属于外观设计保护客体	越南《知识产权法》第4条第（13）款和第01/2007/TT-BKHCN号通知第33条第（2）款第（b）项

（2）案情分析

该国际注册涉及的外观设计属于国际外观设计分类第32类的标识，多数被指定的缔约方主管局认为标识本身不是外观设计保护的物品，并以此为由发出了驳回通知书。其中，韩局在驳回通知书中给出了修改产品名称和分类号的意见，并提供了参考案例（如图3-1-2所示），据此意见修改后可在韩国获得外观设计保护。

图3-1-2 韩局提供的参考案例

该国际注册，如指定我国，可能因标识不属于外观设计保护客体，不符合我国《专利法》第2条第4款的规定而不能授予外观设计专利权。

2. 案例3-2

(1) 案件基本情况

申请号：DM/217762

产品名称：Ornamentation（装饰物）

国际公布视图如图3-1-3所示。

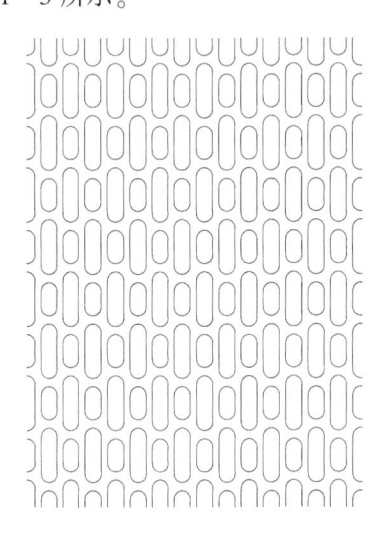

图3-1-3　DM/217762申请的国际公布视图

主要审查局有关保护客体的审查结论如表3-1-2所示。

表3-1-2　DM/217762审查结论汇总

审查局	有关保护客体的审查结论	适用法条
美局	纯图案，不属于外观设计保护客体	《美国法典》第35篇第171条
日局	纯图案，不属于外观设计保护客体	日本《外观设计法》第2条第1款
韩局	32-00类，不属于外观设计保护客体	韩国《外观设计保护法》第2条第（1）款
加拿大局	不属于外观设计保护客体	加拿大《外观设计法》第2条、《外观设计条例》第20条
俄罗斯局	不属于外观设计保护客体	俄罗斯联邦《民法典》第四部分第1352条第（1）款
越南局	不属于外观设计保护客体	越南《知识产权法》第4条第（13）款和第01/2007/TT-BKHCN号通知第33条第（2）款第（b）项

(2) 案情分析

该国际注册涉及的外观设计属于国际外观设计分类第 32 类的装饰纹饰，多数被指定的缔约方主管局认为装饰纹饰为图案，不属于外观设计保护客体，并以此为由发出了驳回通知书。其中，韩局指出修改产品名称和分类号后可以克服该缺陷。

该国际注册，如指定我国，可能因单纯图案不属于外观设计保护客体，不符合我国《专利法》第 2 条第 4 款的规定而不能授予外观设计专利权。

（二）字体设计

案例 3-3

(1) 案件基本情况

申请号：DM/217398

产品名称：Typeface（字体）

国际公布视图如图 3-1-4 所示。

图 3-1-4　DM/217398 申请的国际公布视图

主要审查局有关保护客体的审查结论如表 3-1-3 所示。

表 3-1-3　DM/217398 审查结论汇总

审查局	有关保护客体的审查结论	适用法条
美局	属于外观设计保护客体	
日局	不属于外观设计保护客体	日本《外观设计法》第 2 条第 1 款
韩局	属于外观设计保护客体	
俄罗斯局	属于外观设计保护客体	

（2）案情分析

该国际注册涉及的外观设计为字体。韩国《外观设计保护法》第 2 条直接规定字体属于保护客体，且其审查指南中规定字体应当被视为产品；美局认为字体或其中字母、符号均由实体块生成，其符合"工业产品"要求；日局则坚持外观设计的载体为产品，字体不属于产品。针对该国际注册，多数被指定的缔约方主管局认为字体属于外观设计保护客体，仅日局以字体不属于外观设计保护客体为由发出了驳回通知书。

该国际注册，如指定我国，可能因字体没有以产品作为载体而不属于外观设计保护客体，不符合我国《专利法》第 2 条第 4 款的规定而不能授予外观设计专利权。

（三）吉祥物设计

案例 3-4

（1）案件基本情况

申请号：DM/215865

产品名称：Mascot（吉祥物）

国际公布视图如图 3-1-5 所示。

1.1　　　　1.2　　　　1.3

图 3-1-5　DM/215865 申请的国际公布视图

主要审查局有关保护客体的审查结论如表 3-1-4 所示。

表 3 – 1 – 4 DM/215865 审查结论汇总

审查局	有关保护客体的审查结论	适用法条
美局	属于外观设计保护客体	
日局	不属于外观设计保护客体	日本《外观设计法》第 2 条第 1 款
韩局	属于外观设计保护客体	
加拿大局	不属于外观设计保护客体	加拿大《外观设计法》第 2 条
俄罗斯局	属于外观设计保护客体	
越南局	属于外观设计保护客体	

（2）案情分析

该国际注册涉及的外观设计为吉祥物，多数被指定的缔约方主管局认为吉祥物属于外观设计保护客体。而日局认为，受日本《外观设计法》保护的是指在市场上流通的有形物品（如玩偶等），吉祥物并非有形物品；加拿大局认为，根据加拿大《外观设计法》第 2 条的规定，要注册为工业品外观设计，外观设计必须应用在完整的产品上，可以单独制造、销售和使用，吉祥物并不是一个完整的产品。因此，针对该国际注册，日局和加拿大局以不属于外观设计保护客体为由发出了驳回通知书。

该国际注册，如指定我国，可能因吉祥物没有以产品作为载体而不属于外观设计保护客体，不符合我国《专利法》第 2 条第 4 款的规定而不能授予外观设计专利权。

二、法条运用及分析

（一）美　国

美国关于客体问题的驳回通知条款主要涉及《美国法典》第 35 篇第 171 条。其规定了外观设计的定义：任何人对一种工业产品作出了一项新的、原创的和装饰性的设计，只要符合该篇规定的条件和要求，即可获得专利。

美国对于外观设计保护类型定义得较为宽泛，某些设计类型是否属于外观设计保护客体，无法从其外观设计定义中确定，需要通过判例来加以明确。

（二）日　本

日本关于客体问题的驳回通知条款主要涉及日本《外观设计法》第 2 条第 1 款。其规定了外观设计的定义：外观设计，是指能够引起视觉上美感的物品（含物品的构成部分）的形状、图案、色彩或者其结合。其中，物品的构成部分的形状、图案、色彩或者其结合包括建筑物（包含建筑物的部分）和图像（包含图像的部分，仅限于为了该设备操作或发挥其功能显示的图像），其视觉呈现具有美观性。

日本明确外观设计的载体必须为物品，且在其外观设计定义中直接说明外观设计保护客体包含建筑物和图像。因此，从日本外观设计定义中可以较为明确地判断某些设计类型是否属于外观设计保护客体。

（三）韩　国

韩国关于客体问题的驳回通知条款主要涉及韩国《外观设计保护法》第 2 条第（1）款。其规定了外观设计的定义：外观设计，是指产生视觉美感印象的产品（包括产品的一部分、字体和图像）的形状、图案、色彩或其结合。"字体"是指用于记录、标记或打印等，具有共同设计特征的一套字样（包括数字、标点符号和符号等形式），其形式具有共同的特点。"图像"是指以数字技术或电子方式表示的形状符号（仅限于用于操作设备或实现功能，包括图像部分）。

韩国明确外观设计的载体为产品，且在其外观设计定义中直接说明外观设计保护客体包含字体和图像，同时对字体和图像进行了具体解释。因此，从韩国有关外观设计定义中可以较为明确地判断某些设计类型是否属于外观设计保护客体。

（四）加拿大

加拿大关于客体问题的驳回通知条款主要涉及加拿大《外观设计法》第 2 条。其规定了外观设计的定义：外观设计是指在一件成品中呈现的仅通过视觉来判断的形状、结构、图案或者装饰的特征，以及这些特征的任意组合。同时规定了成品的定义：成品是指手工、工具或机器制造的任何物品。

（五）俄罗斯

俄罗斯关于客体问题的驳回通知条款主要涉及俄罗斯联邦《民法典》第四部分第 1352 条。其规定：决定工业或手工业生产制品外观的艺术设计方案可作为工业品外观设计予以保护。如果工业品外观设计依其实质特征具有新颖性和独特性，则予以法律保护。下列不得作为工业品外观设计予以保护的有：（1）纯粹基于制品技术功能的解决方案；（2）建筑工程（小建筑形式除外），工业、水利工程及其他固定设施；（3）由液体、气体、颗粒或其类似物质组成的无固定形状的物体。工业品外观设计的实质特征是指决定制品外观的美学和/或人类工程学的特征，包括形状、轮廓、图案及色彩组合。

（六）越　南

越南关于客体问题的驳回通知条款主要涉及越南《知识产权法》第 4 条第（13）款和第 01/2007/TT – BKHCN 号通知第 33 条第（2）款第（b）项。

越南《知识产权法》第 4 条第（13）款规定：工业设计是指由三维形状、线条、颜色或者这些元素组合所体现的产品的特定外观。

越南第 01/2007/TT-BKHCN 号通知第 33 条第（2）款第（b）项规定：产品是指通过工业或手工方法制造、结构和功能清晰、独立流通的物体、工具、设备、装置或用于组装产品的部件。

第二节　本章小结

一、主要局的审查标准

主要国家相关法律中关于外观设计的定义本身较为相近，即外观设计的对象为产品（物品）或其部分，设计要素为形状、图案和色彩，并且设计应当是新的（原创）并具有美感。但涉及具体的外观设计是否为保护客体，则会出现不同的情况。

对于国际外观设计分类第 32 类的图形符号、标识类外观设计，大多数审查局的认定一致，即其不属于外观设计保护客体；对于字体、吉祥物、室内装潢、建筑设计等外观设计，主要审查局则作出了不同解释和运用。

二、与我国审查标准对比

我国《专利法》第 2 条第（4）款规定：外观设计，是指对产品的整体或者局部的形状、图案或者其结合以及色彩与形状、图案的结合所作出的富有美感并适于工业应用的新设计。

根据我国法律对于外观设计定义的规定，不属于外观设计保护客体的情形有下列 11 类：

（1）取决于特定地理条件、不能重复再现的固定建筑物、桥梁的设计等。

（2）因其包含有气体、液体及粉末状等无固定形状的物质而导致其形状、图案、色彩不固定的产品。

（3）对于由多个不同特定形状或者图案的构件组成的产品，如果构件本身不能单独出售且不能单独使用，则该构件不属于外观设计专利保护的客体。

（4）不能作用于视觉或者肉眼难以确定，需要借助特定的工具才能分辨其形状、图案、色彩的物品。

（5）以自然物原有形状、图案、色彩作为主体的设计，通常指两种情形，一种是自然物本身；一种是自然物仿真设计。

（6）纯属美术、书法、摄影范畴的作品。

（7）仅以在其产品所属领域内司空见惯的几何形状和图案构成的外观设计。

（8）文字和数字的字音、字义不属于外观设计保护的内容。

（9）游戏界面以及与人机交互无关的显示装置所显示的图案。

（10）不能在产品上形成相对独立的区域或者构成相对完整的设计单元的局部外观设计。

（11）要求专利保护的局部外观设计仅为产品表面的图案或者图案和色彩相结合的设计。

总体而言，我国目前对于保护客体的要求较为严格。图案设计、字体设计均不在外观设计专利保护客体范畴内，局部设计、建筑设计、室内设计等只有满足一定的条件才属于我国外观设计专利保护客体。

第四章　有关外观设计清楚表达的审查标准[*]

第一节　审查情况

在本书抽样的 420 件国际注册中，被美局、日局、韩局至少一个局在其驳回通知书中指出存在外观设计未清楚表达的问题的有 172 件。其中，有 42 件国际注册由两个局共同指出存在外观设计未清楚表达的问题，有 8 件国际注册由三个局同时指出存在外观设计未清楚表达的问题。

如表 4-1-1 所示，在上述三个局中，美局指出存在外观设计未清楚表达问题的国际注册数量最多，为 121 件，占其所发出驳回通知的国际注册数量的 49.79%；日局指出存在外观设计未清楚表达问题的国际注册为 27 件，占其所发出驳回通知的国际注册数量的 18.62%；韩局指出存在外观设计未清楚表达问题的国际注册为 82 件，占其所发出驳回通知的国际注册数量的 53.95%。

表 4-1-1　美日韩三局涉及外观设计清楚表达的驳回通知数量

类　型	审查局		
	美局	日局	韩局
涉及外观设计清楚表达的通知书数量（件）	121	27	82
涉及外观设计清楚表达的通知书占比（%）	49.79	18.62	53.95

注：涉及外观设计清楚表达的通知书占比 = 涉及外观设计清楚表达的通知书数量（件）÷发出驳回通知的国际注册数量（件，包含部分驳回）。

从三局认定外观设计未清楚表达的主要理由来看，美局认为视图投影关系不对应的有 61 件，占涉及外观设计未清楚表达驳回通知书数量的 50.41%；认为视图质量存在问题的有 27 件，占涉及外观设计未清楚表达驳回通知书数量的 22.31%。日局认定外观设计未清楚表达的主要理由为缺少特定数量视图和视图投影关系不对应，以上述两个理由发出驳回通知的各 9 件，各占涉及外观设计未清楚表达驳回通知书数量的 33.33%。韩局认定外观设计未清楚表达的主要理由为缺少特定数量视图，一共有 37 件，占涉及外观设计未清楚表达驳回通知书数量的 45.12%；认为视图投影关系不对应的

---

[*] 本章仅讨论美日韩三局的审查标准。

有 31 件，占涉及外观设计未清楚表达驳回通知书数量的 37.80%。具体参见表 4-1-2。

表 4-1-2　美日韩三局涉及外观设计未清楚表达的主要理由　　　　单位：件

审查局	缺少特定数量视图	视图投影关系不对应	视图质量问题
美局	12	61	27
日局	9	9	0
韩局	37	31	7

第二节　相关案例及案情分析

一、主要问题类型及其相关案例介绍

（一）视图数量

1. 主要审查局审查的基本情况

美局、日局和韩局均以能够清楚表达请求保护的外观设计为前提，对于提交视图的数量没有限制，也没有要求必须提交特定视图（正投影视图或立体图），但是在审查实践中对于满足外观设计清楚表达的具体要求还是有所不同的。

美局要求视图能够清楚表达设计细节。例如，仅在一幅正投影视图中可见的结构，如果没有立体图或其他视图表达其三维形状，容易被认为没有清楚表达该项设计。因此虽然美局对于提交视图的数量没有具体规定，但是为满足美局对设计细节清楚表达的要求，申请人仍需提交一定数量的视图。

日局要求外观设计的主要部分能够清楚地在视图中体现。从实际案例来看，日局会针对缺少必要视图导致外观设计主要部分无法确定的情况发出驳回通知书。

经过修订，于 2010 年 1 月 1 日生效的韩国《外观设计法实施细则》放宽了提交视图的要求，删除了对于立体产品的外观设计注册申请必须提交一个立体图和六面正投影视图，如主视图、后视图、左视图、右视图、俯视图和仰视图的要求。申请人可以提交任何数量的视图，只要从提交的图纸中可以清楚地表达该设计即可。但从实际案例来看，韩局仍要求请求保护的外观设计的每个面都要清楚地表达在视图中，因此会针对缺少某个面的视图而发出驳回通知书。

2. 相关案例及案情分析

（1）案例 4-1

1）案件基本情况

申请号：DM/212342

产品名称：Handbag（手提包）

国际公布视图如图 4-2-1 所示。

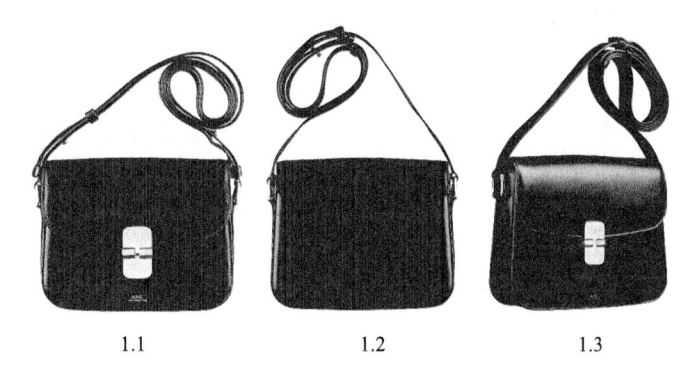

1.1　　　　　1.2　　　　　1.3

图 4-2-1　DM/212342 申请的国际公布视图

主要审查局有关外观设计清楚表达的审查结论如表 4-2-1 所示。

表 4-2-1　DM/212342 审查结论汇总

审查局	有关外观设计清楚表达的审查结论	适用法条
美局	已清楚表达要求保护的设计	
日局	已清楚表达要求保护的设计	
韩局	未清楚表达要求保护的设计	韩国《外观设计保护法》第 33 条第（1）款

2）案情分析

韩局发出的驳回通知书中指出视图没有清楚表达外观设计，主要理由为该设计的右侧面、顶面和底面没有在视图中体现，参见图 4-2-2。根据驳回通知书中的意见，如图 4-2-3 所示，申请人补正提交了右侧面、顶面和底面的正投影视图，韩局予以采纳并授权。

图 4-2-2　韩局驳回通知书中的附图

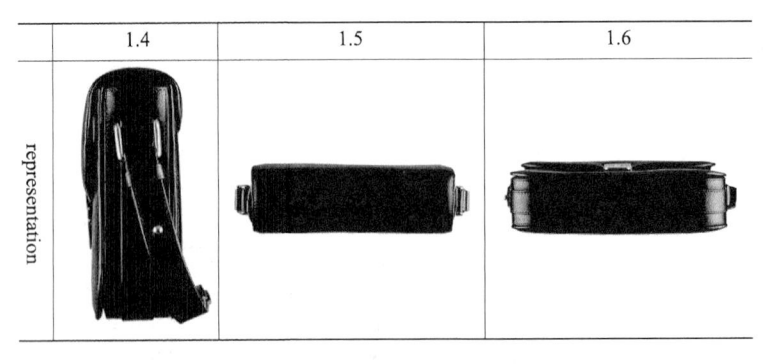

	1.4	1.5	1.6
representation			

图 4-2-3　授权文本中增加的视图

（2）案例 4-2

1）案件基本情况

申请号：DM/212922

产品名称：Welding machine（焊接机）

国际公布视图如图 4-2-4 所示。

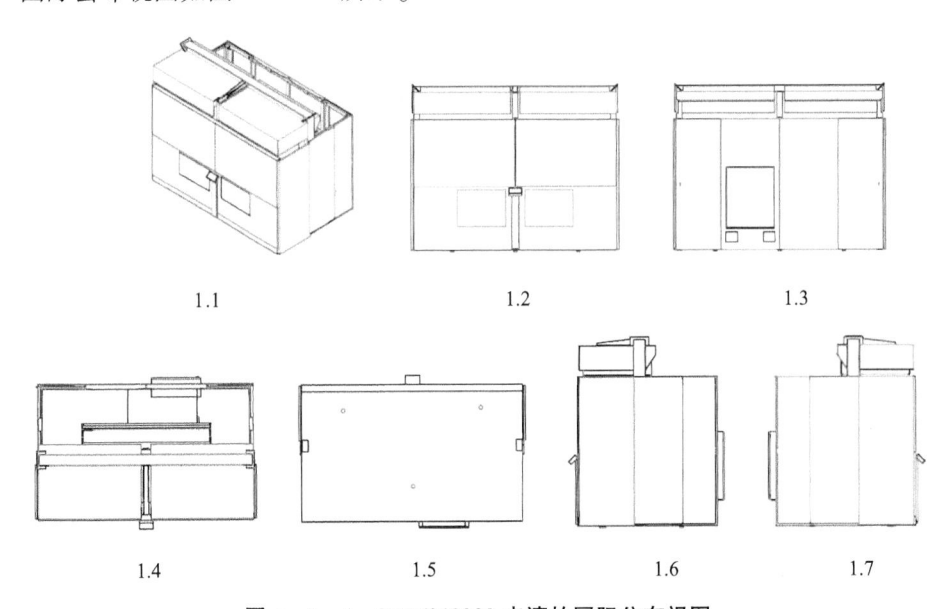

图 4-2-4　DM/212922 申请的国际公布视图

主要审查局有关外观设计清楚表达的审查结论如表 4-2-2 所示。

表 4-2-2　DM/212922 审查结论汇总

审查局	有关外观设计清楚表达的审查结论	适用法条
美局	未清楚表达要求保护的设计	《美国法典》第 35 篇第 112 条（a）和（b）款
日局	已清楚表达要求保护的设计	
韩局	已清楚表达要求保护的设计	

2）案情分析

美局发出的驳回通知书中指出该外观设计没有清楚表达，主要理由为图4-2-5中箭头所示部位的深度、位置和三维形状没有在视图中表达出来。如图4-2-6所示，申请人在补正视图中将驳回通知书中指出的没有清楚表达的部分改为虚线，表示这些部分不要求保护，美局予以采纳并授权。

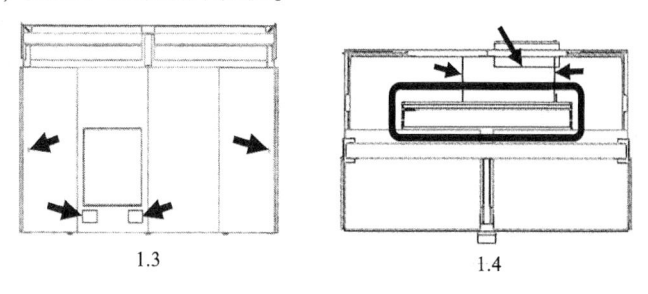

图4-2-5 美局驳回通知书中的附图

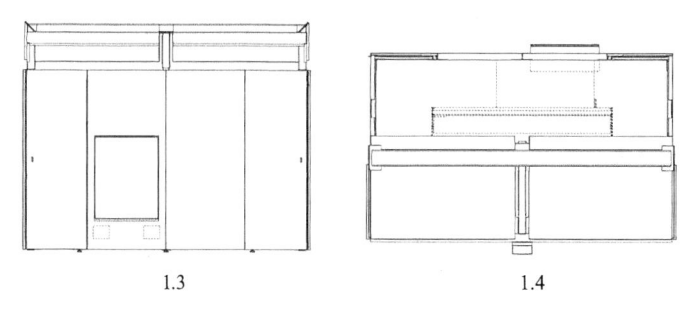

图4-2-6 美局授权文本中修改后的视图

(3) 案例4-3

1）案件基本情况

申请号：DM/216688

产品名称：Bag（包）

国际公布视图如图4-2-7所示。

图4-2-7 DM/216688申请的国际公布视图

主要审查局有关外观设计清楚表达的审查结论如表4-2-3所示。

表 4-2-3 DM/216688 审查结论汇总

审查局	有关外观设计清楚表达的审查结论	适用法条
美局	未清楚表达要求保护的设计	《美国法典》第 35 篇第 112 条（a）和（b）款
日局	未清楚表达要求保护的设计	日本《外观设计法》第 3 条第 1 款
韩局	未清楚表达要求保护的设计	韩国《外观设计保护法》第 33 条第（1）款

2）案情分析

美局发出的驳回通知书中指出该外观设计没有清楚表达，主要理由为图 4-2-8 中圈出部位不清晰，其具体的形状无法确定。申请人在补正视图中将驳回通知书中指出的没有清楚表达的部分，用虚线圈出边缘并用半透明层覆盖，如图 4-2-9 所示，表示这些部分不要求保护，美局予以采纳并授权。

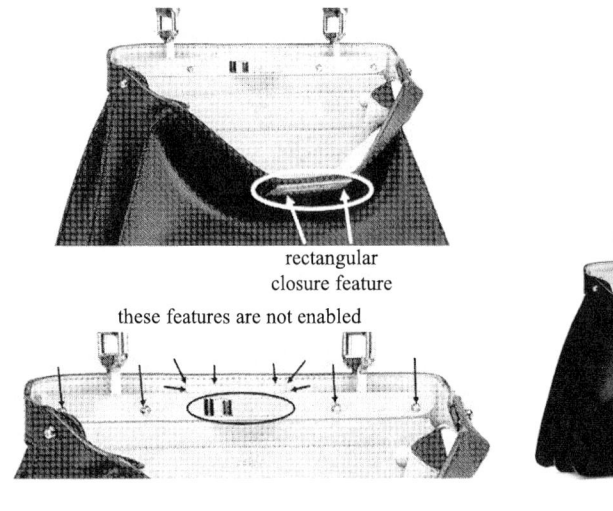

图 4-2-8 美局驳回通知书中的附图　　图 4-2-9 美局授权文本中修改后的视图

日局认为该国际注册中的外观设计公开不充分，无法判断设计的细节，例如包正面上部的金属片的形状无法确定，因此该设计没有清楚表达。对于该国际注册，最终日局没有授权。

韩局认为该国际注册中仅包含一幅视图，部分面的设计是不确定的，不能清楚地表达要求保护的外观设计的整体形状。申请人针对驳回通知书中指出的缺陷，补交了六面正投影视图（参见图 4-2-10），韩局予以采纳并授权。

图 4 – 2 – 10　韩局授权文本中的视图

（二）视图投影关系

1. 主要审查局审查的基本情况

美局、日局和韩局对于视图存在明显投影关系不对应的情况，均会以未清楚表达外观设计的理由发出驳回通知书。美局和韩局针对视图投影关系不对应的缺陷发出的驳回通知书较多，日局针对该缺陷发出的驳回通知书较少。

2. 相关案例及案情分析

（1）案例 4 – 4

1）案件基本情况

申请号：DM/212391

产品名称：Bracelet（手链）

国际公布视图如图 4 – 2 – 11 所示。

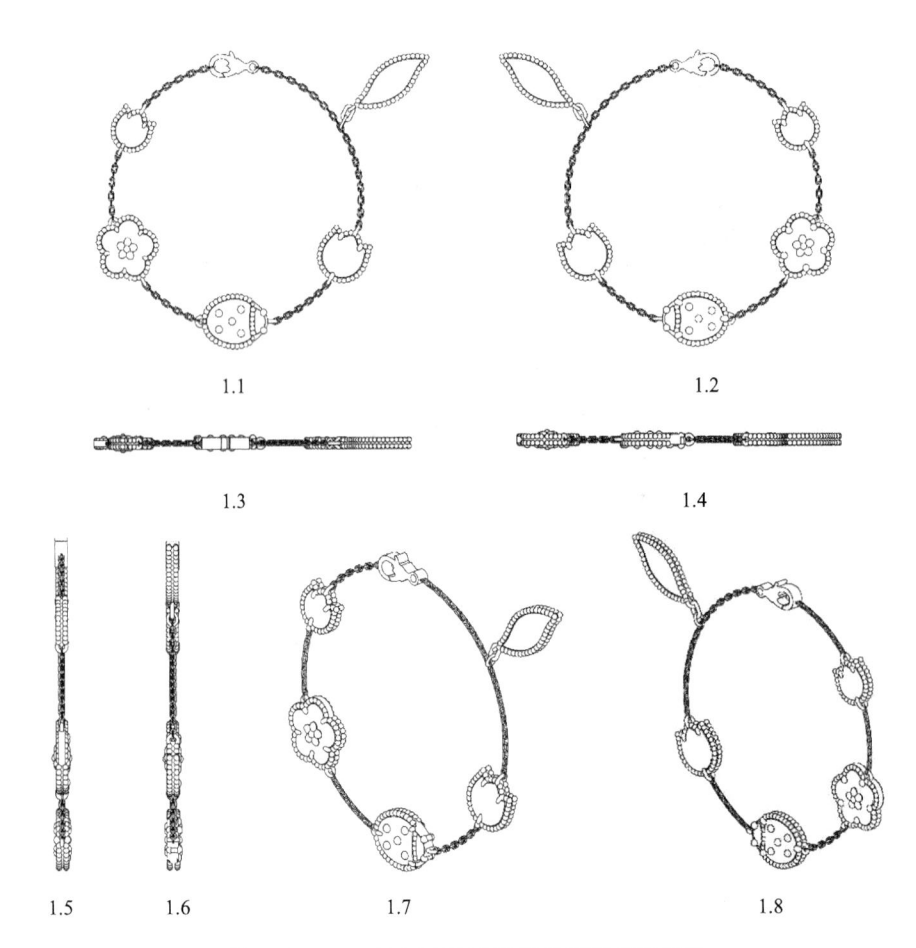

图 4-2-11　DM/212391 申请的国际公布视图

主要审查局有关外观设计清楚表达的审查结论如表 4-2-4 所示。

表 4-2-4　DM/212391 审查结论汇总

审查局	有关外观设计清楚表达的审查结论	适用法条
美局	未清楚表达要求保护的设计	《美国法典》第 35 篇第 112 条（a）和（b）款
日局	已清楚表达要求保护的设计	
韩局	已清楚表达要求保护的设计	

2）案情分析

美局发出的驳回通知书中指出该外观设计没有清楚表达，主要理由为图 4-2-12 所示的放大视图中标示的部位在各视图中投影关系不对应。申请人在补正视图中将驳回通知书中指出的挂钩部分改为虚线，表示这些部分不要求保护，衔接部分在各视图中修改为对应的投影关系，参见图 4-2-13，美局予以采纳并授权。

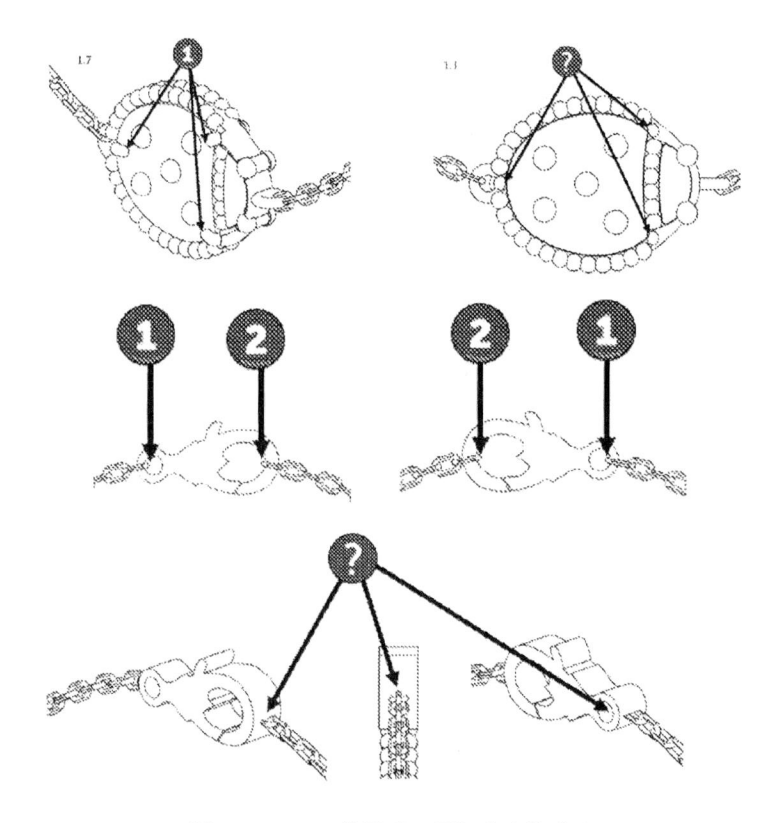

图 4-2-12 美局驳回通知书中的附图

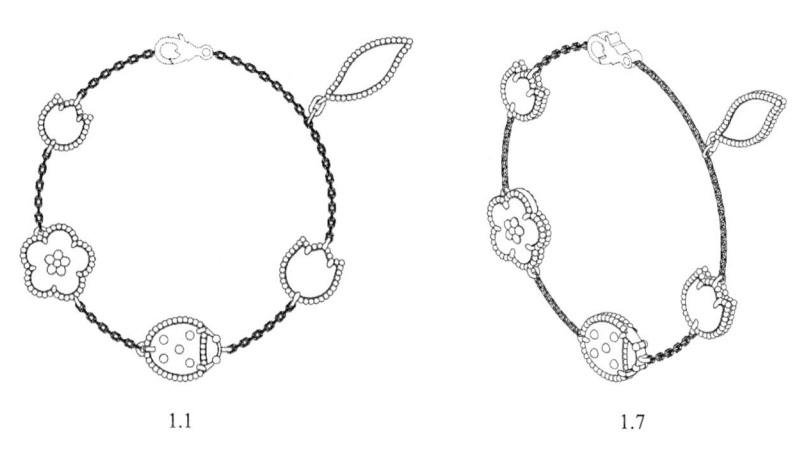

图 4-2-13 美局授权文本中修改后的视图

(2) 案例 4-5
1) 案件基本情况
申请号：DM/216684
产品名称：Tote bag（手提包）
国际公布视图如图 4-2-14 所示。

1.1　　　　　　　　　　1.2　　　　　　　　　　1.3

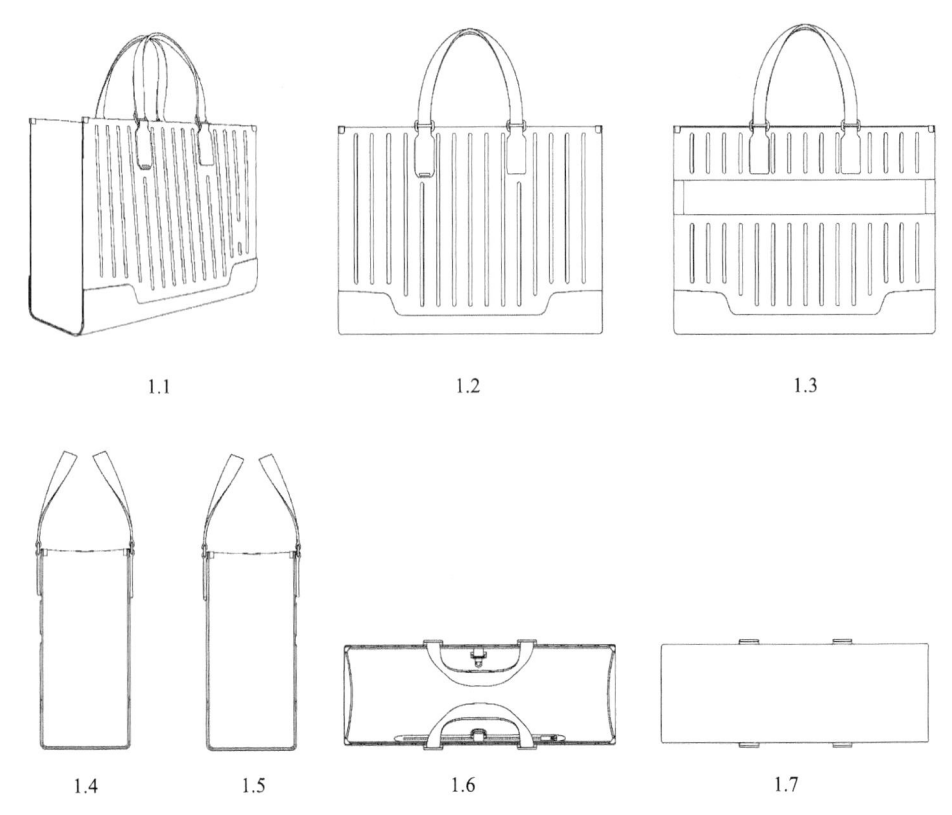

1.4　　1.5　　　　　　1.6　　　　　　　1.7

图 4－2－14　DM/216684 申请的国际公布视图

主要审查局有关外观设计清楚表达的审查结论如表 4－2－5 所示。

表 4－2－5　DM/216684 审查结论汇总

审查局	有关外观设计清楚表达的审查结论	适用法条
美局	未清楚表达要求保护的设计	《美国法典》第 35 篇第 112 条（a）和（b）款
日局	已清楚表达要求保护的设计	
韩局	未清楚表达要求保护的设计	韩国《外观设计保护法》第 33 条第（1）款

2）案情分析

美局和韩局均发出了驳回通知书，指出视图投影关系不对应的缺陷。韩局在驳回通知书中仅指出了一处视图投影关系不对应的地方（如图 4－2－15 中标识的部分所示）。美局在驳回通知书中指出多处视图投影关系不对应的地方，其中包括韩局在驳回通知书中指出的部位，具体参见图 4－2－16。针对韩局发出的驳回通知书，如图 4－2－17 所示，申请人提交了修改后的视图，将视图中投影关系不对应的部位修改为对应，韩局予以采纳并授权。针对美局发出的驳回通知书，申请人提交了修改后的视图，将视图中投影关系不对应的部位修改为对应，且将未清楚表达的部分修改为虚线，表示这些部位不要求保护，参见图4-2-18，美局予以采纳并授权。

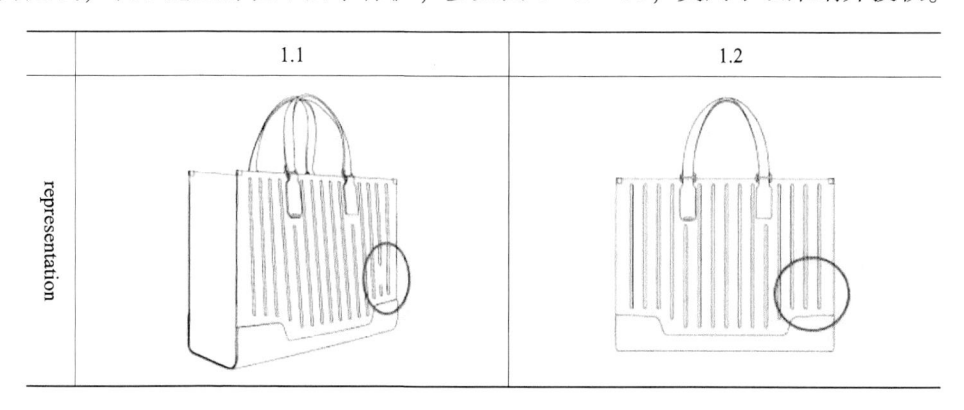

图4-2-15 韩局驳回通知书中的附图

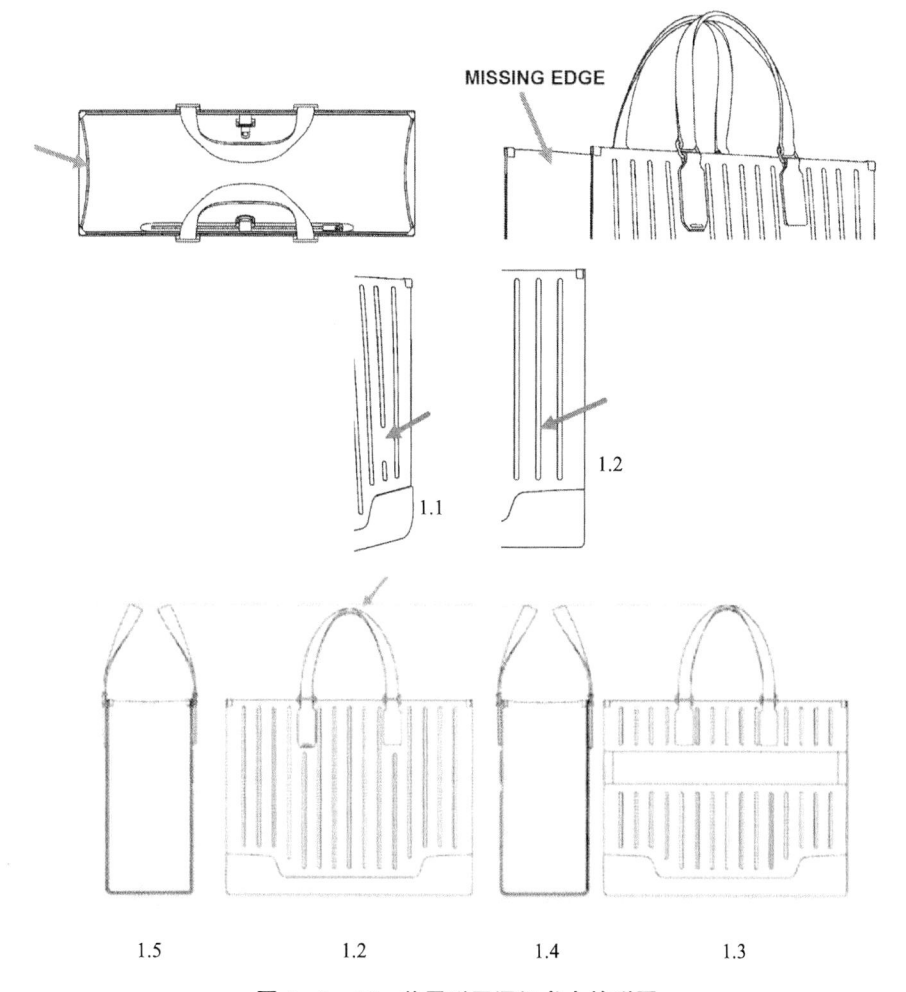

图4-2-16 美局驳回通知书中的附图

1.1　　　　　　　　　　　　　　1.2

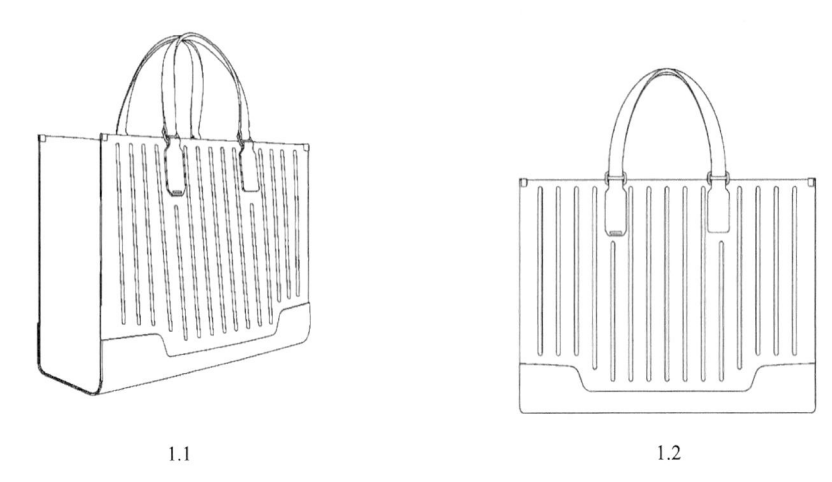

图 4-2-17　韩局授权文本中修改后的视图

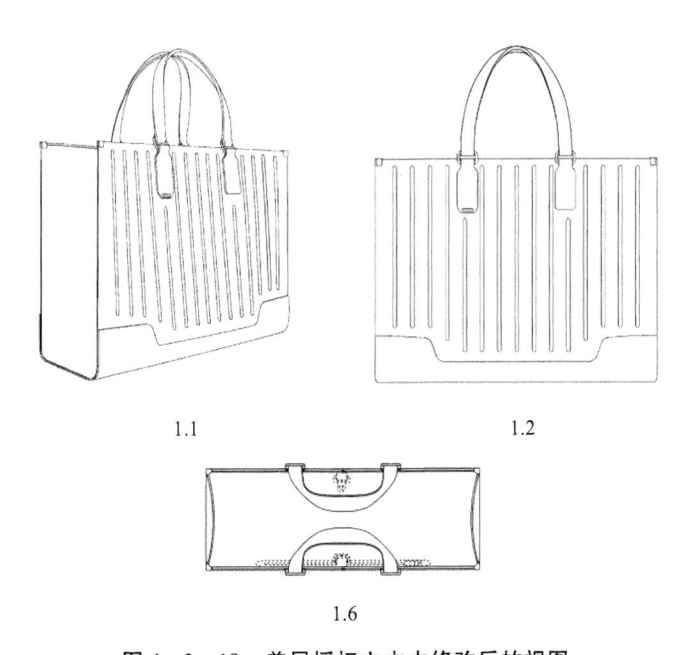

1.1　　　　　　　　　　　　　　1.2

1.6

图 4-2-18　美局授权文本中修改后的视图

（3）案例 4-6

1）案件基本情况

申请号：DM/216639

产品名称：Bag（包）

国际公布视图（部分）如图 4-2-19 所示。

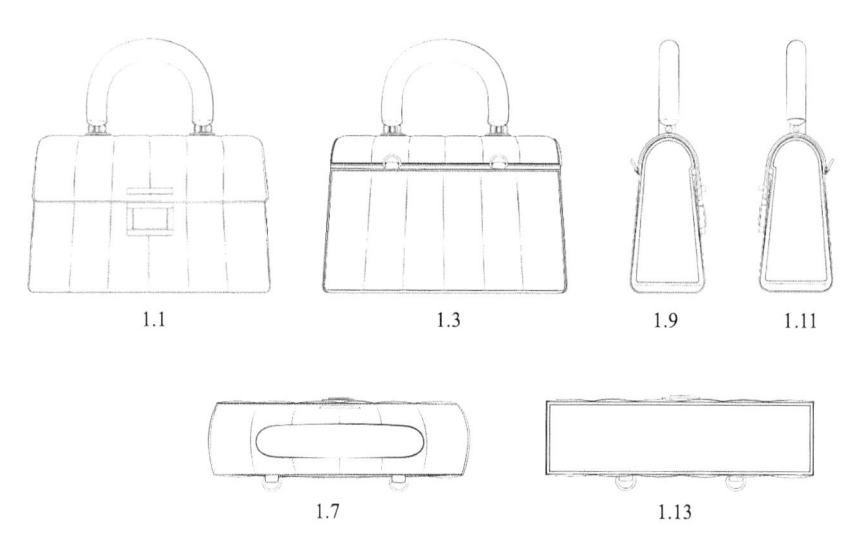

图 4-2-19　DM/216639 申请的国际公布视图

主要审查局有关外观设计清楚表达的审查结论如表 4-2-6 所示。

表 4-2-6　DM/216639 审查结论汇总

审查局	有关外观设计清楚表达的审查结论	适用法条
美局	未清楚表达要求保护的设计	《美国法典》第 35 篇第 112 条（a）和（b）款
日局	已清楚表达要求保护的设计	
韩局	未清楚表达要求保护的设计	韩国《外观设计保护法》第 33 条第（1）款

2）案情分析

美局和韩局均发出了驳回通知书，指出视图中投影关系不对应的缺陷（如图 4-2-20 和图 4-2-21 中标识的部分所示）。针对韩局发出的驳回通知书，申请人对视图进行了修改，克服了驳回通知书中指出的缺陷，参见图 4-2-22，韩局予以采纳并授权，但在授权文本的视图中，正投影视图仍然采用近大远小的透视画法，没有严格按照机械制图正投影视图的规则绘制。

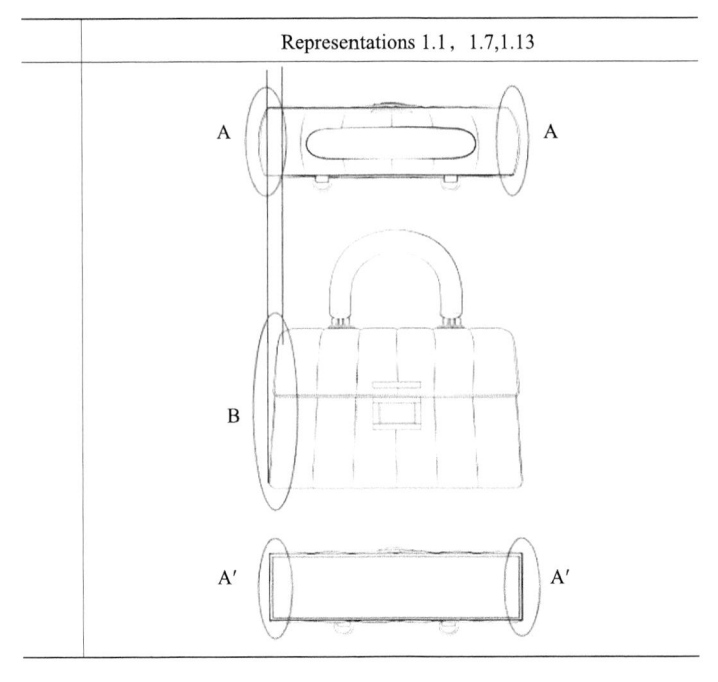

图 4 – 2 – 20　韩局驳回通知书中的附图

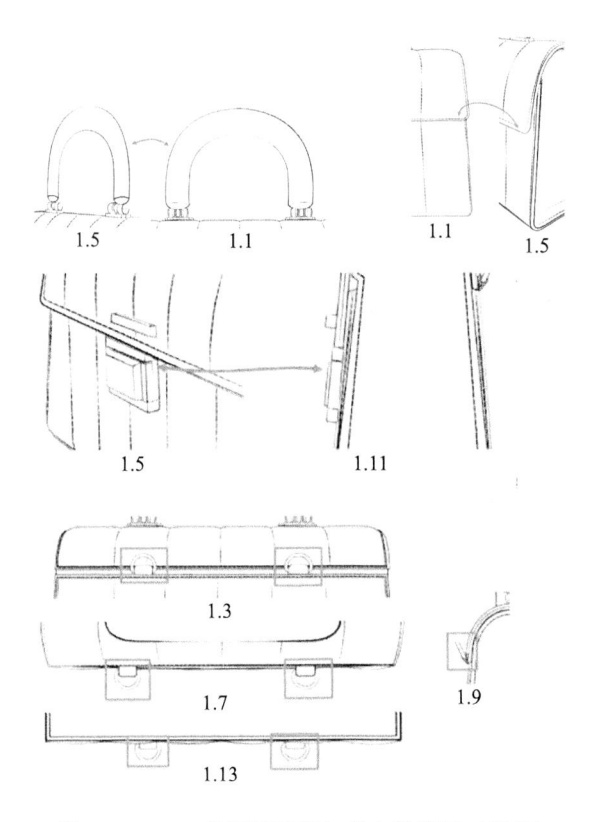

图 4 – 2 – 21　美局驳回通知书中的附图（部分）

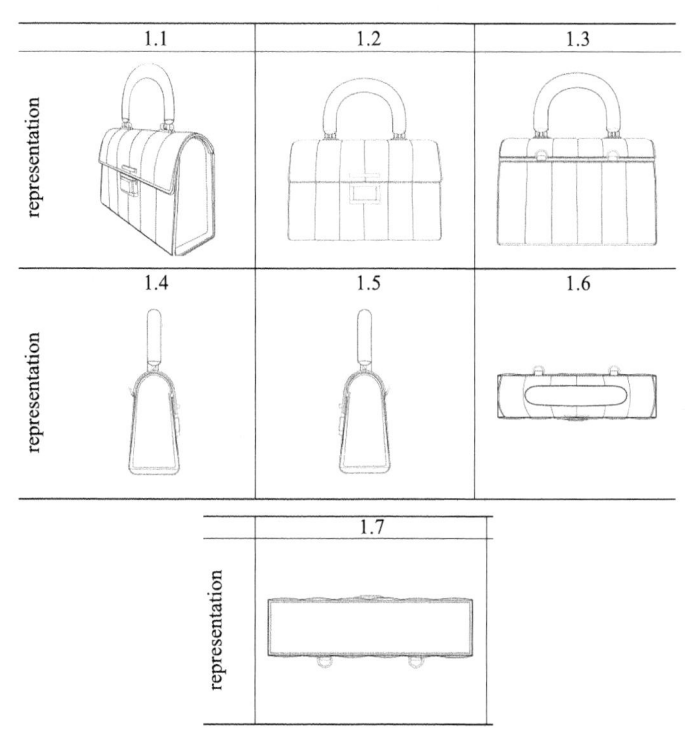

图 4-2-22　韩局授权文本中的视图

（三）视图质量

1. 主要审查局审查的基本情况

以视图质量问题为理由发出的驳回通知书总体数量不多，其中大部分由美局发出。驳回通知书中指出的视图质量问题主要为绘制视图的线条不清晰、重叠等导致设计表达不明确。对于绘制视图，美局要求线条清晰均匀、无重叠，除非用于表示黑色色彩或用于表示颜色对比，否则不允许视图中包含黑色色块。

2. 相关案例及案情分析

案例 4-7

1）案件基本情况

申请号：DM/215266

产品名称：Speaker（扬声器）

国际公布视图如图 4-2-23 所示。

1.1　　　　　　　　　　　　1.2　　　　　　　　　　　　1.3

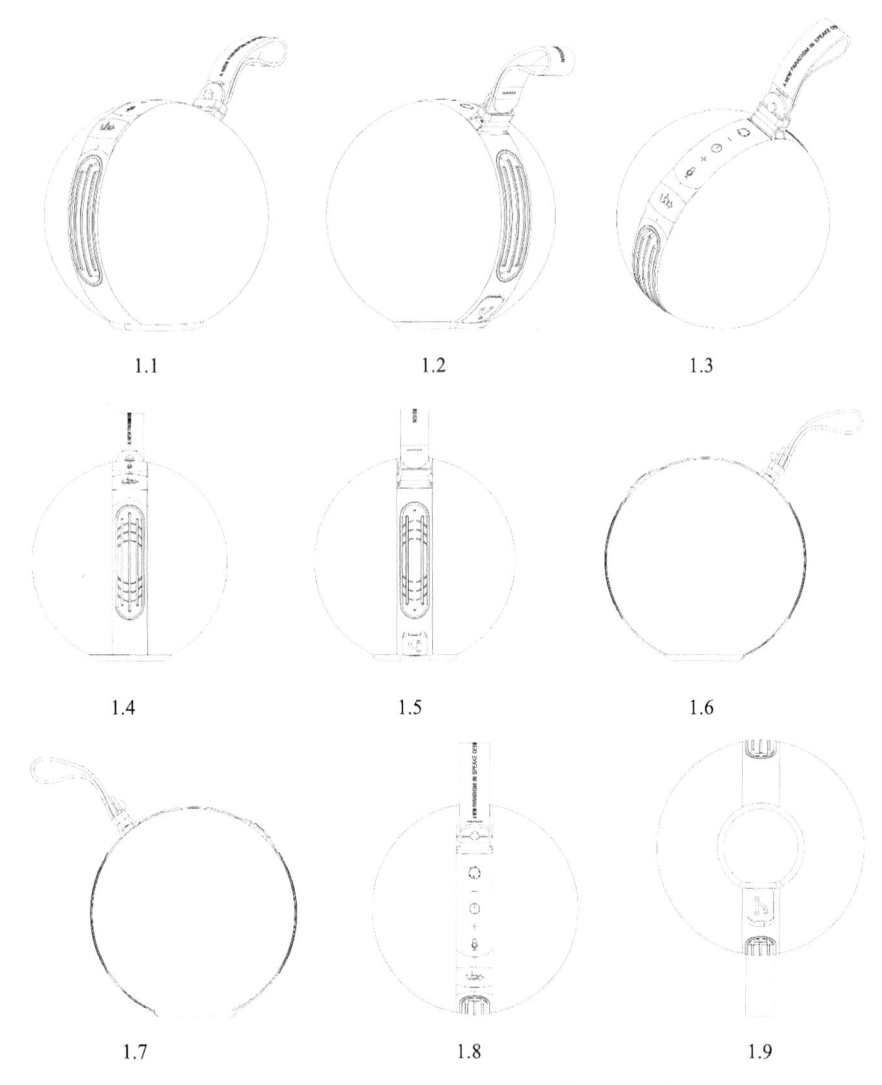

1.4　　　　　　　　　　　　1.5　　　　　　　　　　　　1.6

1.7　　　　　　　　　　　　1.8　　　　　　　　　　　　1.9

图 4-2-23　DM/215266 申请的国际公布视图

主要审查局有关外观设计清楚表达的审查结论如表 4-2-7 所示。

表 4-2-7　DM/215266 审查结论汇总

审查局	有关外观设计清楚表达的审查结论	适用法条
美局	未清楚表达要求保护的设计	《美国法典》第 35 篇第 112 条（a）和（b）款
日局	已清楚表达要求保护的设计	
韩局	已清楚表达要求保护的设计	

2) 案情分析

美局针对该国际注册发出的驳回通知书中指出没有清楚表达的主要理由是视图比例过小、线条不够均匀和清晰、图中标示的部位线条重合导致该部位表达不清楚,具体参见图 4 - 2 - 24。申请人根据驳回通知书指出的缺陷,对线条进行了修改,同时将线条重合、无法分辨的部分删除,见图 4 - 2 - 25,美局予以采纳并授权。

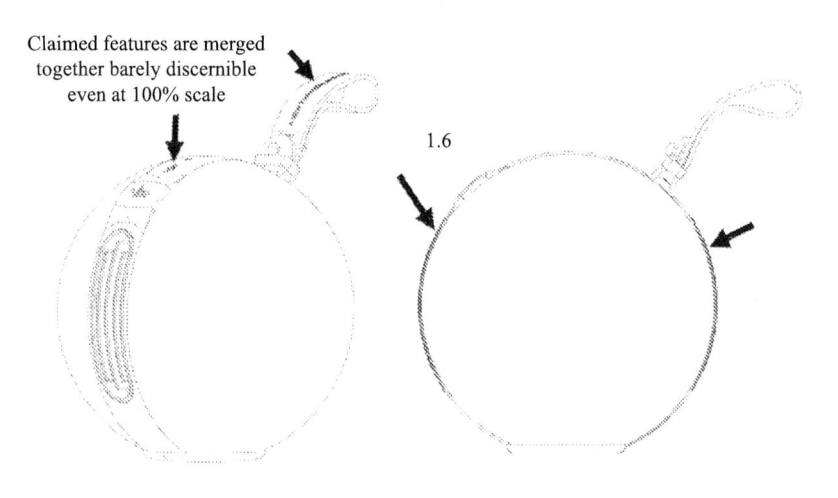

图 4 - 2 - 24　美局驳回通知书中的附图

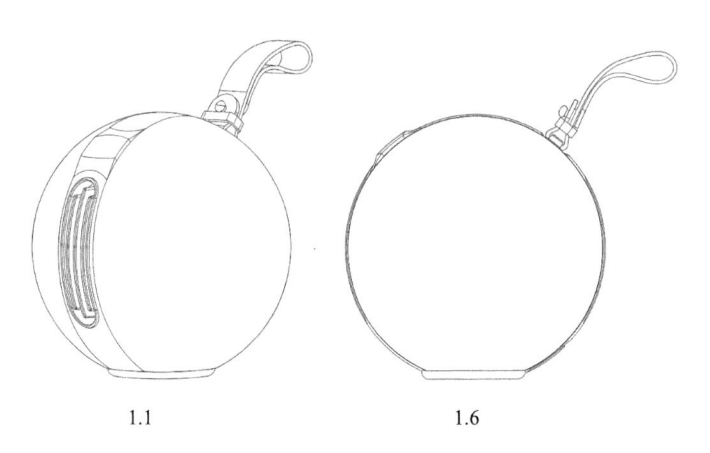

图 4 - 2 - 25　美局授权文本中的视图

(四) 其他影响外观设计清楚表达的问题

1. 主要审查局审查的基本情况

除了视图中存在缺陷导致外观设计未清楚表达的情形外,美局、日局和韩局针对简要说明书或权利要求书中的描述,也会以未清楚表达为由发出驳回通知书。简要说明书或权利要求书中存在缺陷导致设计未清楚表达的情况,主要是简要说明书或权利要求书中对设计的描述与视图表达的不一致,或者描述了导致设计不确定的内容。另外，美局要求写明每幅视图的名称。

美局不认可仅起解释说明作用的参考图，认为提交视图中表达的内容均属于要求保护的部分，仅默认虚线绘制的部分为不要求保护的内容。同时，美局不允许线条绘制的视图与照片或渲染视图混用，无论是六面正投影视图还是立体图。

日局对于结合产品名称和视图无法确定产品用途和使用方法的设计，会发出驳回通知书，要求申请人进行解释和说明。

2. 相关案例及案情分析

（1）案例 4-8

1）案件基本情况

申请号：DM/209213

产品名称：Beverage bottle（饮料瓶）

国际公布视图如图 4-2-26 所示。

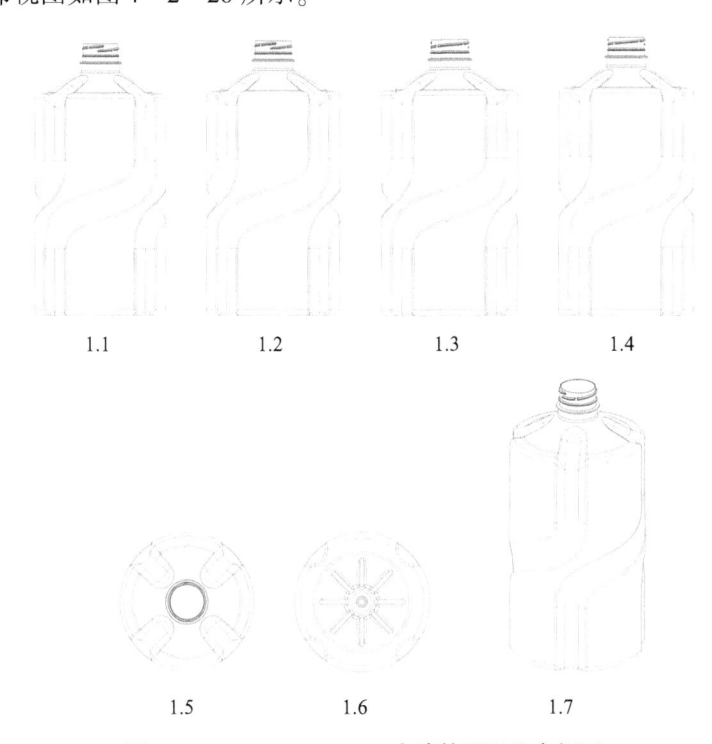

图 4-2-26　DM/209213 申请的国际公布视图

简要说明书：The article has transparent materials and is the design of a beverage bottle.（该物品采用透明材料，是一种饮料瓶的设计。）

主要审查局有关外观设计清楚表达的审查结论如表 4-2-8 所示。

表 4-2-8 DM/209213 审查结论汇总

审查局	有关外观设计清楚表达的审查结论	适用法条
美局	未清楚表达要求保护的设计	《美国法典》第 35 篇第 112 条（a）和（b）款
日局	已清楚表达要求保护的设计	
韩局	未清楚表达要求保护的设计	韩国《外观设计保护法》第 33 条第（1）款

2）案情分析

美局和韩局均发出了驳回通知书，指出该外观设计没有清楚表达，主要理由为简要说明书中描述该产品采用透明材料，但是视图中没有表达出透明的视觉效果。申请人删除了简要说明书中对于透明的说明，韩局予以采纳并授权。

（2）案例 4-9

1）案件基本情况

申请号：DM/216813

产品名称：Wireless charger（无线充电器）

国际公布视图如图 4-2-27 所示。

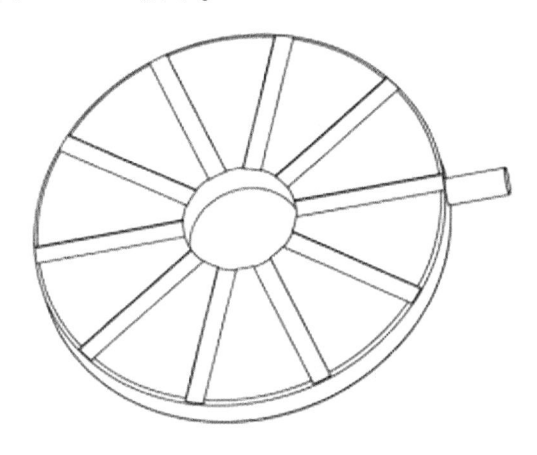

图 4-2-27 DM/216813 申请的国际公布视图

简要说明书：…eight stripes distributed towards the center on the upper side of the product.（……产品上部有八条向中心分布的条纹。）

主要审查局有关外观设计清楚表达的审查结论如表 4-2-9 所示。

表 4-2-9　DM/216813 审查结论汇总

审查局	有关外观设计清楚表达的审查结论	适用法条
美局	简要说明书包含对功能和结构的描述	美国《专利审查指南》1503.01
日局	已清楚表达要求保护的设计	
韩局	未清楚表达要求保护的设计	韩国《外观设计保护法》第 33 条第 (1) 款

2) 案情分析

申请人在简要说明书中指出产品上部有八条向中心分布的条纹,而视图中对应位置显示为十条条纹。韩局认为视图与简要说明书描述不一致,导致外观设计未清楚表达。申请人修改了简要说明,改为与视图表达内容一致,韩局予以采纳并授权。

(3) 案例 4-10

1) 案件基本情况

申请号：DM/213806

产品名称：Incinerator toilet（焚化厕所）

国际公布视图如图 4-2-28 所示。该国际注册中无视图名称的说明。

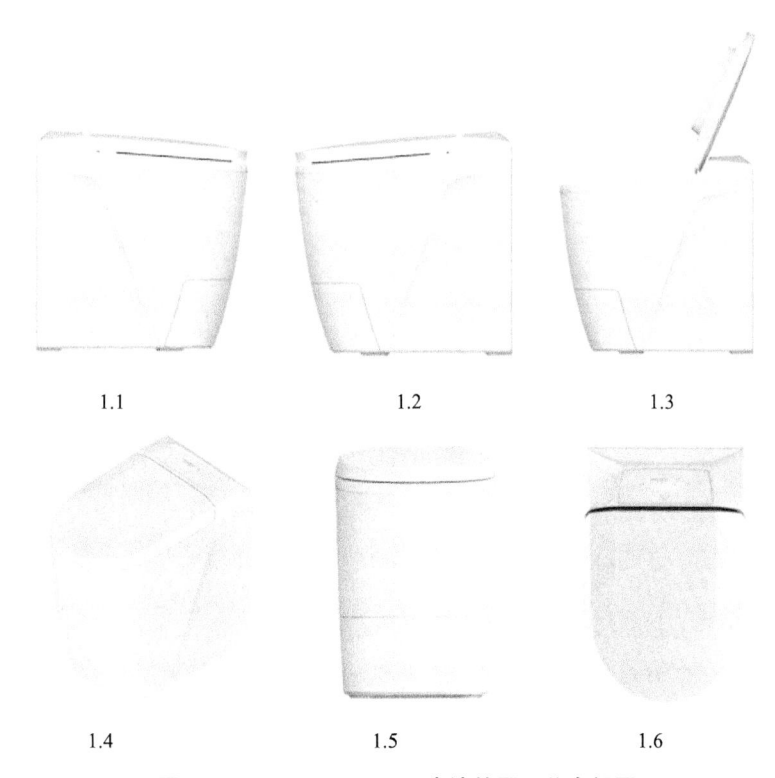

1.1　　1.2　　1.3

1.4　　1.5　　1.6

图 4-2-28　DM/213806 申请的国际公布视图

主要审查局有关外观设计清楚表达的审查结论如表 4-2-10 所示。

表 4-2-10　DM/213806 审查结论汇总

审查局	有关外观设计清楚表达的审查结论	适用法条
美局	未清楚表达要求保护的设计	海牙《共同实施细则》第 7 条第（5）款第（a）项 美国《联邦法规》第 37 篇 1.1024 美国《专利审查指南》2920.04（a）Ⅱ
日局	已清楚表达要求保护的设计	
韩局	未清楚表达要求保护的设计	韩国《外观设计保护法》第 33 条第（1）款

2）案情分析

美局针对该国际注册发出的驳回通知书中，认为没有清楚表达的主要理由为缺少每幅视图的视图名称说明。申请人针对美局的驳回通知书，增加了每幅视图的名称说明，美局予以采纳并授权。如图 4-2-29 所示，韩局认为该国际注册中缺少底面和背面的视图，因此该外观设计没有清楚表达。申请人针对韩局的驳回通知书，在简要说明书中说明该产品是在地上并靠墙安装的，背面和底面在使用时不常见，韩局予以采纳并授权。

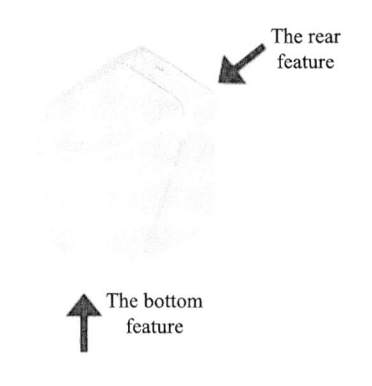

图 4-2-29　韩局驳回通知书中的附图

(4) 案例 4-11

1) 案件基本情况

申请号：DM/217237

产品名称：Base station for cleaning robot（清洁机器人基站）

国际公布视图如图 4-2-30 所示。

1.1　　　　　1.2　　　　　1.3　　　　　1.4

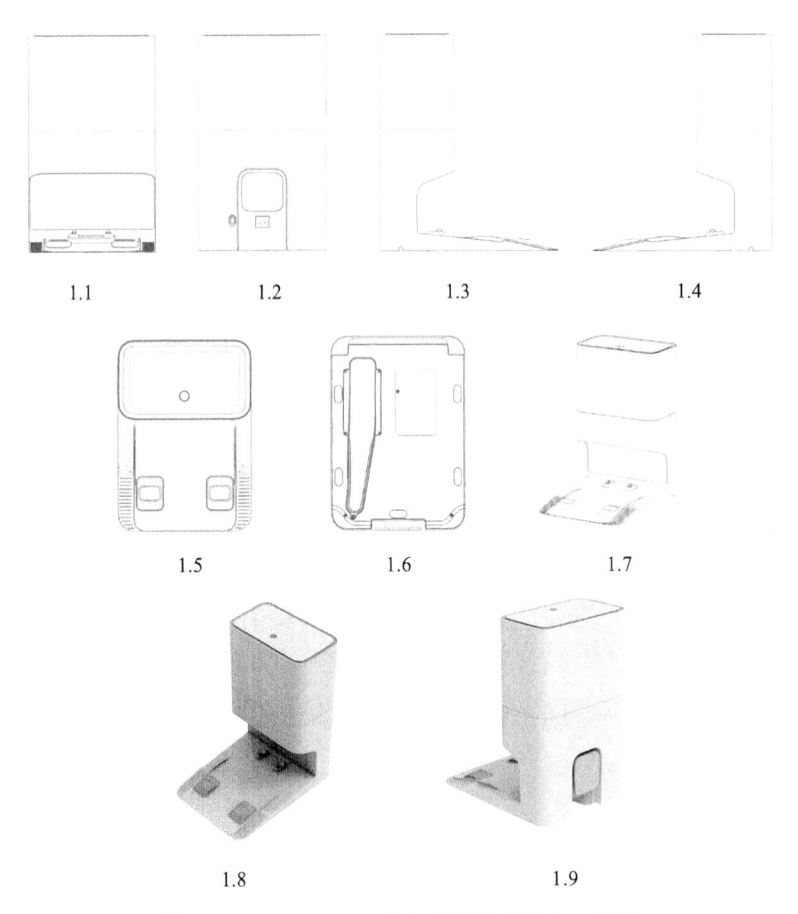

1.5　　　　　1.6　　　　　1.7

1.8　　　　　1.9

图 4-2-30　DM/217237 申请的国际公布视图

简要说明书（部分）：1.8 and 1.9 are reference views showing a base station for cleaning robot.（图 1.8 和图 1.9 是清洁机器人基站的参考视图。）

主要审查局有关外观设计清楚表达的审查结论如表 4-2-11 所示。

表 4-2-11　DM/217237 审查结论汇总

审查局	有关外观设计清楚表达的审查结论	适用法条
美局	未清楚表达要求保护的设计	《美国法典》第 35 篇第 112 条（a）和（b）款
日局	已清楚表达要求保护的设计	
韩局	已清楚表达要求保护的设计	

2）案情分析

美局针对该国际注册以没有清楚表达为理由发出驳回通知书，指出由视图说明可知图 4-2-30 中的图 1.8 和图 1.9 为参考图，但只要是视图中实线表示的部分都会被认为是要求保护的部分,因此参考图的说明是不明确的;图1.8和图1.9为照片视图,而图1.1至图1.7为线条绘制视图,美局不允许两种视图绘制方式在表达同一项设计时混用。美局认为图1.1至图1.7表达了一个实施例,图1.8和图1.9表达了另一个实施例,因此建议申请人将图1.8和图1.9作为设计2的视图合案提交。申请人根据驳回通知书中的意见,将图1.8和图1.9修改为设计2的图1.1和图1.2提交,美局予以采纳并授权。

(5)案例4-12

1)案件基本情况

申请号:DM/213300

产品名称:Television receiver(电视接收机)

国际公布视图如图4-2-31所示。

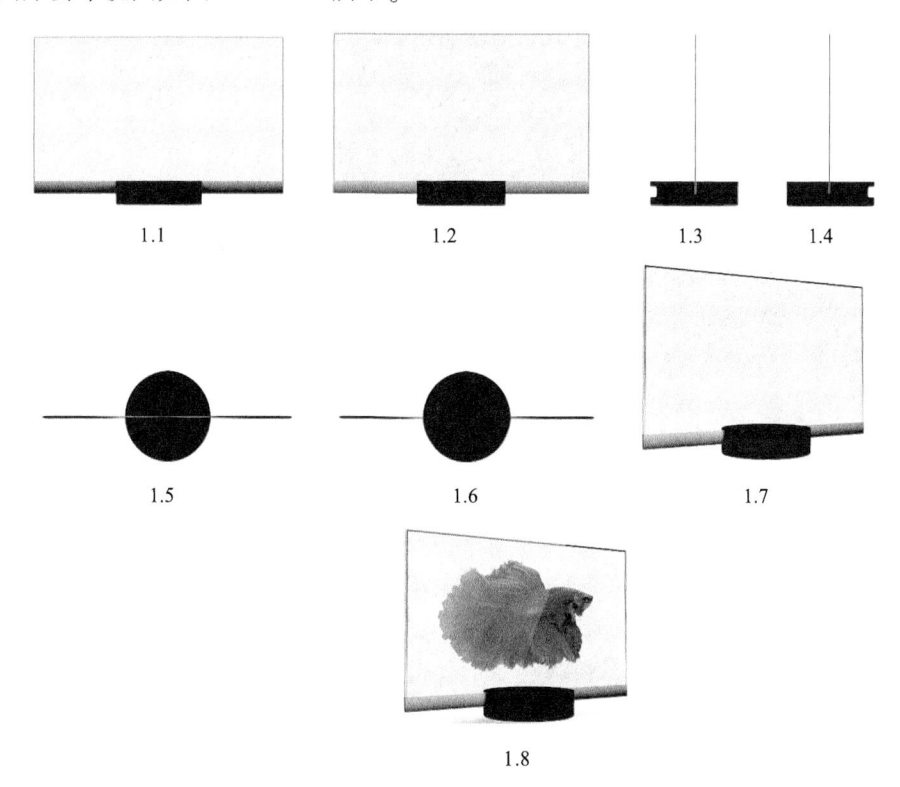

图4-2-31 DM/213300申请的国际公布视图

简要说明书:Reproduction 1.8 is a reference view showing the state in use of the claimed design and forms no part of the claimed design.(图1.8是要求保护的外观设计的使用状态参考图,不构成要求保护的外观设计的一部分。)

主要审查局有关外观设计清楚表达的审查结论如表4-2-12所示。

表 4-2-12 DM/213300 审查结论汇总

审查局	有关外观设计清楚表达的审查结论	适用法条
美局	未清楚表达要求保护的设计	海牙《共同实施细则》第 7 条第（5）款第（a）项 美国《联邦法规》第 37 篇 1.1024 美国《专利审查指南》2920.04（a）Ⅱ 《美国法典》第 35 篇第 112 条（a）和（b）款
日局	已清楚表达要求保护的设计	
韩局	已清楚表达要求保护的设计	

2）案情分析

美局针对该国际注册发出的驳回通知书中，认为参考图在美国的审查实践中没有任何明确的含义，因此针对参考图的说明不能清晰准确地描述要求保护的外观设计。如图 4-2-32 所示，图 1.8 中表示出其他视图中未表达的内容，与其他视图的表达不一致；尽管在简要说明书中说明图 1.8 为不要求保护的使用状态参考图，但由于美局认为视图中实线表达的内容为请求保护的部分，因此结合视图和简要说明书，该外观设计被认为保护范围不确定。申请人根据驳回通知书中的意见，删除了图 1.8，美局予以采纳并授权。

图 4-2-32 美局驳回通知书附图

（6）案例 4-13

1）案件基本情况

申请号：DM/213077

产品名称：Safety hammer（安全锤）

国际公布视图如图 4-2-33 所示。

1.1　　　　　　　　1.2　　　　　　　　1.3

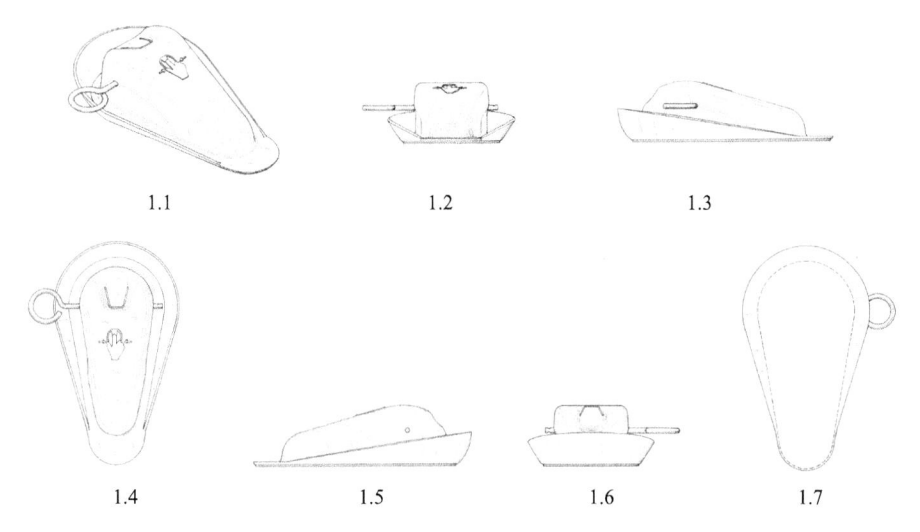

1.4　　　　　　　1.5　　　　　　　1.6　　　　　　　1.7

图 4 – 2 – 33　DM/213077 申请的国际公布视图

主要审查局有关外观设计清楚表达的审查结论如表 4 – 2 – 13 所示。

表 4 – 2 – 13　DM/213077 审查结论汇总

审查局	有关外观设计清楚表达的审查结论	适用法条
美局	已清楚表达要求保护的设计	
日局	未清楚表达要求保护的设计	日本《外观设计法》第 3 条第 1 款
韩局	已清楚表达要求保护的设计	

2）案情分析

日局针对该国际注册发出的驳回通知书中，认为没有清楚表达的主要理由是无法确定要求保护的外观设计，结合视图和简要说明书难以理解该设计如何作为安全锤使用，无法确定各部分的功能。申请人根据驳回通知书中的意见，增加了图 4 – 2 – 34 中的图 1.8（显示部件名称的参考图）和图 1.9（显示部件的名称和用途的参考图），日局予以采纳并授权。

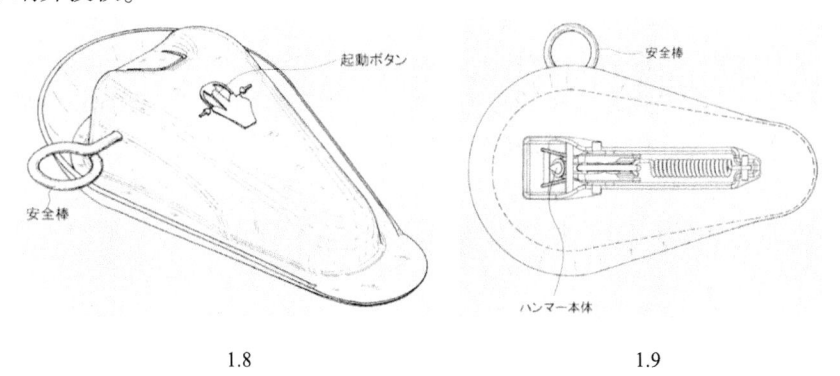

1.8　　　　　　　　　　　　　　1.9

图 4 – 2 – 34　日局授权文本中增加的视图

二、法条运用及分析

（一）美　国

美局关于外观设计清楚表达问题的驳回通知条款主要涉及《美国法典》第35篇第112条（a）款和（b）款。当未清楚表达的缺陷涉及简要说明书时，美国会援引海牙《共同实施细则》第7条第（5）款第（a）项、美国《联邦法规》第37篇1.1024以及美国《专利审查指南》2920.04（a）Ⅱ。

《美国法典》第35篇第112条（a）和（b）款规定：

说明书

（a）一般规定

说明书应包含对发明以及对发明的制造、使用的方式和方法，以完整、清晰、简洁和确切的词语进行书面描述，使发明所属领域的任何技术人员，或者与该发明联系很密切的人员，都能制造和使用该发明；说明书还应公布发明人或共同发明人所熟知的实施该发明的最佳方式。

（b）结论

说明书应以一项或几项权利要求作为结论，以具体指出并明确主张发明人或共同发明人视作其发明的主题。

海牙协定《共同实施细则》第7条国际申请的要求中规定：

（5）［国际申请的非强制性内容］（a）1999年文本第5条第（2）款（b）项第（i）或（ii）目或者1960年文本第8条第（4）款（a）项所指的内容，即使并非由于根据1999年文本第5条第（2）款（a）项所作出的通知或由于1960年文本第8条第（4）款（a）项所规定的要求而必须提供，亦可根据申请人的选择包括在国际申请中。

美国《联邦法规》第37篇1.1024说明中规定：

指定美国的国际外观设计申请必须包括《美国法典》第35篇第112条规定的说明书，最好还包括《共同实施细则》第7条第（5）款第（a）项规定的对复制品的简要说明，描述复制品的视图。

美国《专利审查指南》2920.04（a）Ⅱ说明书中规定（摘选）：

在说明书中，除了对图纸的简要说明外，一般不需要对设计进行任何描述，因为图纸视图中的插图通常就是对其最好的描述。

申请人应注意不要在指定美国的国际外观设计申请中使用"参考视图"作为图样描述。虽然"参考视图"在一些国家通常被用作图片描述，但在美国的实践中，该术语没有任何特殊含义。因此，参考视图将被视为外观设计的另一种视图，而参考视图与要求保护的外观设计其他图之间的任何不一致都可能导致权利要求范围的不确定性，从而造成根据《美国法典》第35篇第112条（a）款和（b）款以保护范围不确定为由予以驳回。

说明书中可以包括一些说明，解释图片中显示的某些特征不要求保护，或者图片中以特定颜色显示的产品不要求保护。当不要求保护图片中设计的某部分时，强烈建议申请人通过用虚线（或着色）的方式标明这些部分，并在说明书中包含解释虚线（或着色）含义的声明。

说明书中不得包含对功能或与外观设计无关事项的说明。此外，说明书中不得包含描述或暗示所要求保护外观设计的其他实施例的说明，且这些实施例在公开的图片中未表达，但与所展示的产品为镜像或具有与所展示产品相同的形状和外观的产品除外。这些陈述可以包含在最初提交的外观设计申请中，为将来的修改提供先行依据。

美国对于视图清楚表达的要求规定在针对说明书的要求中，即结合视图和简要说明，所属领域任何技术人员或与该设计联系密切的人员能够制造和使用该设计。对于简要说明书的要求，在美国《专利审查指南》2920.04（a）Ⅱ说明书部分有较为详细的规定，包括简要说明书中应包含的内容以及不允许描述的内容，对于参考图也有明确的规定。不符合该规定的说明，会被认为导致外观设计没有清楚表达。

（二）日　本

日局关于外观设计清楚表达问题的驳回通知条款主要涉及日本《外观设计法》第3条第1款。

日本《外观设计法》第3条规定：

创作了适于工业应用的外观设计的人，除下述外观设计之外，均可就其外观设计获得外观设计注册：

（ⅰ）外观设计注册申请前在日本国内或者国外已公知的外观设计；

（ⅱ）外观设计注册申请前在日本国内或者国外所发行的出版物上已有记载的外观设计或者公众通过电信线路可获知的外观设计；

（ⅲ）与前两项所列外观设计类似的外观设计。

外观设计注册申请前，具备该外观设计所属技术领域一般知识的人根据在日本国内或者国外已公知的形状、图案、色彩或者其结合能容易地创作出该外观设计的，不受前款的规定，不能就该外观设计（前款各项所列者除外）获得外观设计注册。

日局认为视图如果不满足清楚表达的要求，则该外观设计即不适用于工业应用，因此不符合日本《外观设计法》第3条第1款的规定。

（三）韩　国

韩局关于外观设计清楚表达问题的驳回通知条款主要涉及韩国《外观设计保护法》第33条第（1）款。

韩国《外观设计保护法》第33条第（1）款规定：

（1）适于工业应用的外观设计可以被注册，但是，下列情形除外：

① 外观设计注册申请之前，该外观设计已在韩国或者外国为公众所知或公开实施；

② 外观设计注册申请之前，该外观设计已刊载在韩国或者外国发行的出版物上，

或者属于通过电信线路公众可以获得的外观设计；

③ 该外观设计与本款第①项或者第②项所述的外观设计相近似。

韩局同样认为视图如果不满足清楚表达的要求，则该外观设计即不适用于工业应用，因此不符合韩国《外观设计保护法》第33条第（1）款规定。

第三节　本章小结

一、主要审查局的审查标准

1. 视图数量

美局在对外观设计清楚表达的审查中，要求设计的细节部分均能够在视图中完整地展示。在部分国际注册审查中，对于一些不常见面上的部分结构、内部结构、螺钉孔等也有清楚表达的要求。美局对于立体产品，不要求设计的每个面均在视图中体现，未表达的面即视为不要求保护。在具体指出没有清楚表达部分的同时，通常美局会建议申请人将该部分改为虚线表示，即改为不要求保护的部分。将申请日要求保护的部分改为不要求保护的部分，美局不认为是超范围的修改。

日局较为注重整体设计的清楚表达，针对细微部分未清楚表达而发出的驳回通知较少。日局对于立体产品，不要求设计的每个面均在视图中体现，但如果国际注册中仅提交一幅视图表达立体产品的，则通常会认为该外观设计未清楚表达而发出驳回通知书。

韩局对于立体产品，虽然没有要求必须提交每个面的正投影视图，但是一般要求每个面在提交的视图中都能得以体现。一旦视图中缺少设计某个面的表达，韩局通常会认为该外观设计未清楚表达而发出驳回通知书。对于缺少设计某个面的视图，韩局允许通过补正提交相应的视图，一般情况下不认为是超范围的修改。

2. 视图投影关系

美局针对视图投影关系不对应缺陷发出的驳回通知最多，日局针对该缺陷发出的驳回通知较少。对于绘制视图，美局、日局和韩局均未严格按照机械制图的要求来进行规范，例如国际注册中正投影视图存在近大远小的透视画法、产品的外轮廓线没有完全对应等。只要相应部分在各视图中有所体现、不影响对于设计的理解，美局、日局和韩局一般均认为视图已清楚表达外观设计而予以接受。

对于美局、日局和韩局在驳回通知书中指出的视图投影关系不对应的缺陷，申请人均可以通过补正将不对应的部位依照申请日提交的视图中已表达的内容来进行修改，从而获得各局的授权。针对美局驳回通知书中指出视图投影关系不对应的问题，也可通过将不对应的部分修改为不要求保护的部分来克服。

3. 视图质量

涉及视图质量缺陷的驳回通知书相对于涉及其他缺陷的驳回通知书数量较少。美局会针对照片视图清晰度不够、分辨率不够高以及绘制视图线条的不规范发出驳回通知书。例如，如果视图存在线条重合形成的黑色色块，则美局通常会认为没有清楚表达。

对于视图质量的缺陷，申请人可以通过补正修改视图获得授权。针对美局驳回通知书中视图线条重叠未清楚表达的部分，申请人可通过从视图中删除该部分或将其改为不要求保护的部分来克服该缺陷。

4. 其他影响外观设计清楚表达的问题

美局、日局和韩局对于要求保护的设计，基本都是以图片或照片表达的内容为准。如果在简要说明书中出现了视图中没有表达的内容或与视图表达不一致的内容，则各局一般均会认为这影响外观设计的清楚表达。简要说明书中的描述内容导致设计未清楚表达的，一般可以通过修改简要说明书来克服，且通常不涉及修改超范围。

美局、日局和韩局对于视图和其他文件也有一些特殊的要求。美局要求提交权利要求书和每幅视图的说明，同时不认可仅起解释说明作用、不作为要求保护内容的参考图。另外，美局不允许通过绘制视图与渲染视图、照片视图混用来表达同一项设计。对于增加视图说明、删除参考图或制图方式不一致的视图，各局均认为不属于超范围的修改。日局允许增加参考图来对设计的用途和使用场所进行说明，该修改也不属于超范围的修改。

二、与我国审查标准对比

我国对于视图的提交有如下规定：就立体产品的外观设计而言，产品设计要点涉及六个面的，应当提交六面正投影视图；产品设计要点仅涉及一个或几个面的，应当提交所涉及面的正投影视图，对于其他面既可以提交正投影视图，也可以提交立体图，除非是使用时不容易看到或者看不到的面。

对于视图数量，我国的最低要求是提交设计要点涉及面的正投影视图和表达其他面的立体图。虽然非设计要点面可以不提交正投影视图，但仍然需要通过立体图表达出来，除非是使用时不常见或看不见的面。由此可见，对于清楚表达产品外观设计的各个面，我国的要求与韩局的要求较为接近。

针对细部结构的表达和细部投影关系不对应的情况，在我国的审查实践中会结合细部在整体中所占比例、是否影响整体表达、是否能依据常理判断或是否是常见面，综合考虑来决定是否符合清楚表达的要求。但对于线条绘制视图采用近大远小的画法、不符合机械制图正投影规则要求的，我国倾向于认为投影关系不对应。

对于视图的修改，在我国的审查实践中会进行较为严格的超范围审查。针对视图中存在未清楚表达的缺陷，美局有时会建议申请人将未清楚表达的部分改为不要求保护的部分，这种修改在我国是不予接受的。将整体设计改为局部设计，或是将一个局部设计改为另一个局部设计，均属于超范围的修改。针对因为缺少特定视图而导致设计未清楚表达的缺陷，韩局接受增加视图来弥补缺陷，这种修改在我国也是不予接受的，除非增加的视图在申请日视图中已经清楚表达。对于视图的修改，我国的要求与日局的要求较为接近。

总体而言，在我国的审查实践中对于视图是否清楚表达要求保护的外观设计以及视图修改是否超范围，均会进行较为严格的审查。

第五章 有关新颖性的审查标准

第一节 审查情况

根据《海牙协定》1999年文本第1条规定,"审查局"指依职权对向其提出的工业品外观设计保护申请进行审查,以至少确定该工业品外观设计是否符合新颖性条件的局。新颖性审查是审查局的必要审查内容,但是在各局的审查实践中并不仅仅涉及新颖性条款的审查,还可能会涉及创造性条款的审查。因此,尽管本章以"新颖性"审查标准作为研究主题,但内容包括新颖性审查和创造性审查两个层面。

一、美日韩三局的审查情况

在本书抽样的420件国际注册中,有92件国际注册由美日韩三局之一发出驳回通知指出新颖性问题,有18件国际注册由两个局同时指出新颖性问题,有4件国际注册由三个局同时指出新颖性问题。

如表5-1-1所示,在上述三局中,日局指出新颖性问题的国际注册数量最多,为58件,占其所发出驳回通知的国际注册数量的40.00%;韩局指出新颖性问题的国际注册为44件,占其所发出驳回通知的国际注册数量的28.95%;美局指出新颖性问题的国际注册为15件,占其所发出驳回通知的国际注册数量的6.17%,可见美局虽然发出的驳回通知数量较多,但是新颖性问题并非其指出的主要缺陷。

表5-1-1 美日韩三局涉及新颖性的驳回通知数量

统计类型	审查局		
	美局	日局	韩局
涉及新颖性的通知书数量(件)	15	58	44
涉及新颖性的通知书占比(%)	6.17	40.00	28.95

注:涉及新颖性的通知书占比=涉及新颖性的通知书数量(件)÷发出驳回通知的国际注册数量(件,包含部分驳回)。

从引用证据的类型看,引用专利证据的为38件,引用网络证据的为73件,同时引用专利证据和网络证据的为6件,具体参见表5-1-2。三局均会使用专利证据和网络证据，甚至同时引用专利证据和网络证据对一件设计进行评价。根据统计，韩局引用网络证据的比例最高，达到 86.36%；美局引用网络证据的比例为 66.67%，居第二；日局引用网络证据的比例为 53.45%。由此可见，对上述三局来说，网络证据均构成其新颖性证据的主要来源。

表 5-1-2 美日韩三局使用现有设计证据的情况

审查局	专利证据（件）	网络证据（件）	专利和网络证据（件）	网络证据占比（%）
美局	5	9	1	66.67
日局	27	30	1	53.45
韩局	6	34	4	86.36

注：网络证据占比 = 所有使用了网络证据的案件数量 ÷ 所有涉及新颖性驳回案件的数量。

二、其他审查局的审查情况

在抽样的 420 件国际注册中，有 203 件指定俄罗斯，196 件指定加拿大，116 件指定越南。从查阅到的上述三个局的驳回通知来看，涉及新颖性的驳回比例均较低。从引用证据的类型看，加拿大局和越南局均会引用专利证据和网络证据两类现有设计证据。由于新颖性驳回的数据样本较少，对上述审查局新颖性审查情况有待进一步研究。

第二节 相关案例及案情分析

一、案例介绍

本节挑选 17 件国际注册进行具体介绍和分析，其中包括 4 件由美、日、韩三局共同就新颖性问题发出驳回通知的案例，以及 13 件由两局或一局就新颖性问题发出驳回通知的案例，供了解相关局引用的证据、证据来源、适用法条等信息。

（一）案件基本情况及审查结论

1. 案例 5-1

（1）案件基本情况

申请号：DM/217891

产品名称：Smart band（智能手环）

国际公布视图如图 5-2-1 所示。

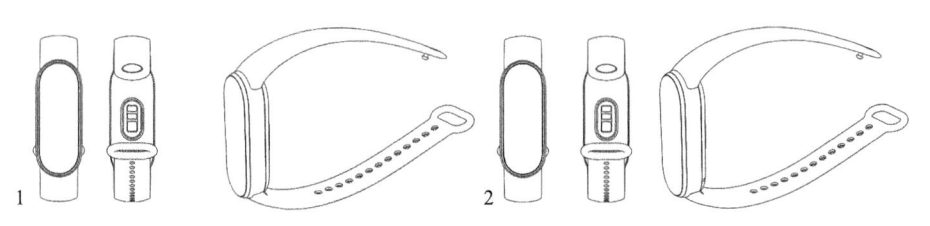

图 5-2-1 DM/217891 申请的国际公布视图

（2）主要审查局有关新颖性的审查结论

主要审查局关于 DM/217891 审查结论参见表 5-2-1。

表 5-2-1 DM/217891 审查结论汇总

审查局	有关新颖性的审查结论	证据来源	适用法律	请求保护的外观设计及现有设计视图
美局	不符合新颖性要求	网络证据（techbang 台湾科技资讯网站）	《美国法典》第 35 篇第 102 条（a）款（1）项	小米智能手环5
日局	不符合新颖性要求	网络证据	日本《外观设计法》第 3 条第 1 款（iii）项	https://yuruchina.com/gadget/miband5review
韩局	不符合创造性要求	欧盟和中国外观设计公报证据	韩国《外观设计保护法》第 33 条第（2）款	
越南局	不符合新颖性要求	欧盟外观设计公报证据	越南《知识产权法》第 63 条第（1）款；第 01/2007/TT-BKHCN 号通告第 35 条第（7）款	

注：为 2023 年 8 月开展案例研究时的审查结论。

2. 案例 5-2

(1) 案件基本情况

申请号：DM/217889

产品名称：Smart band（智能手环）

国际公布视图如图 5-2-2 所示。

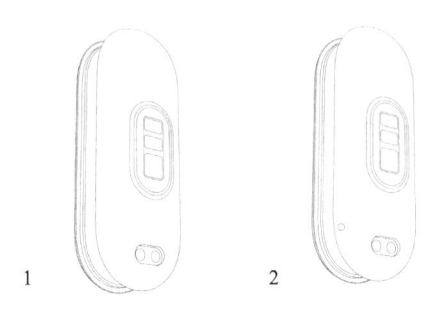

图 5-2-2　DM/217889 申请的国际公布视图

(2) 主要审查局有关新颖性的审查结论

主要审查局关于 DM/217889 的审查结论如表 5-2-2 所示。

表 5-2-2　DM/217889 审查结论汇总

审查局	有关新颖性的审查结论	证据来源	适用法律	请求保护的外观设计及现有设计视图
美局	不符合新颖性要求	网络证据（Amazon）	《美国法典》第 35 篇第 102 条（a）款（1）项	小米智能手环4
日局	不符合新颖性要求	网络证据（Yuruchina）	日本《外观设计法》第 3 条第 1 款（iii）项	小米智能手环5
韩局	以不符合创造性要求发出驳回通知，答复要求新颖性宽限期后授权	CN 外观设计公报证据和网络证据结合（blog.naver.com）	韩国《外观设计保护法》第 33 条第（2）款	

审查局	有关新颖性的审查结论	证据来源	适用法律	请求保护的外观设计及现有设计视图
越南局	不符合新颖性要求	EM 外观设计公报证据	越南《知识产权法》第 63 条第（1）款；第 01/2007/TT-BKHCN 号通告第 35 条第（7）款	

3. 案例 5-3

（1）案件基本情况

申请号：DM/215118

产品名称：Puzzle（拼图玩具）

国际公布视图如图 5-2-3 所示。

图 5-2-3　DM/215118 申请的国际公布视图

（2）主要审查局有关新颖性的审查结论

主要审查局关于 DM/215118 的审查结论如表 5-2-3 所示。

表 5-2-3　DM/215118 审查结论汇总

审查局	有关新颖性审查结论	证据来源	适用法律	请求保护的外观设计及现有设计视图
美局	不符合新颖性要求	英国外观设计公报证据	《美国法典》第 35 篇第 102 条（a）款（1）项	

续表

审查局	有关新颖性审查结论	证据来源	适用法律	请求保护的外观设计及现有设计视图
日局	不符合新颖性要求	网络证据（Facebook）	日本《外观设计法》第3条第1款（iii）项	http://www.facebook.com/pages/category/Game-Toys/ApuzzleAday-100687368768464
韩局	不符合新颖性要求	英国外观设计公报证据	韩国《外观设计保护法》第33条第（1）款第③项	
加拿大局	不符合新颖性要求	英国和欧盟外观设计公报证据	加拿大《外观设计法》第7条（b）	

4. 案例 5-4

（1）案件基本情况

申请号：DM/213882

产品名称：Medical probe（医用检查仪）

国际公布视图如图 5-2-4 所示。

图 5-2-4　DM/213882 申请的国际公布视图

（2）主要审查局有关新颖性的审查结论

主要审查局关于 DM/213882 的审查结论如表 5-2-4 所示。

表 5-2-4　DM/213882 审查结论汇总

审查局	有关新颖性审查结论	证据来源	适用法律	请求保护的外观设计及现有设计视图
美局	不符合新颖性要求	网络证据（YouTube）	《美国法典》第35篇第102条（a）款（1）项	证据与韩国相同
日局	不符合新颖性要求	网络证据（YouTube）	日本《外观设计法》第3条第1款（iii）项	证据与韩国相同
韩局	以不符合新颖性要求发出驳回通知，经答复，理由被接受并予以授权	网络证据（YouTube）	韩国《外观设计保护法》第33条第（1）款第③项	
俄罗斯局	符合新颖性要求			
加拿大局	符合新颖性要求			

5. 案例 5-5

（1）案件基本情况

申请号：DM/211879

产品名称：Bed（床）

国际公布视图如图 5-2-5 所示。

图 5-2-5　DM/211879 申请的国际公布视图

(2) 主要审查局有关新颖性的审查结论

主要审查局关于 DM/211879 的审查结论如表 5-2-5 所示。

表 5-2-5 DM/211879 审查结论汇总

审查局	有关新颖性审查结论	证据来源	适用法律	请求保护的外观设计及现有设计视图
美局	符合新颖性要求			
日局	不符合新颖性要求	网络证据（YouTube）	日本《外观设计法》第 3 条第 1 款 (ⅲ) 项	证据与韩国相同
韩局	以不符合新颖性要求发出驳回通知，申请人答复并要求新颖性宽限期后予以授权	网络证据（YouTube）	韩国《外观设计保护法》第 33 条第 (1) 款第③项	

6. 案例 5-6

(1) 案件基本情况

申请号：DM/212716

产品名称：Vacuum bottle（真空瓶）

国际公布视图如图 5-2-6 所示。

图 5-2-6 DM/212716 申请的国际公布视图

(2) 主要审查局有关新颖性的审查结论

主要审查局关于 DM/212716 的审查结论如表 5-2-6 所示。

表 5-2-6　DM/212716 审查结论汇总

审查局	有关新颖性的审查结论	证据来源	适用法律	请求保护的外观设计及现有设计视图
美局	以不符合创造性要求发出驳回通知，申请人答复后予以授权	网络证据和美国外观设计公报证据	《美国法典》第35篇第103条	
日局	符合新颖性要求			
韩局	以不符合新颖性要求发出驳回通知，申请人答复后予以授权	网络证据（YouTube）	韩国《外观设计保护法》第33条第（1）款第③项	
俄罗斯局	符合新颖性要求			
加拿大局	符合新颖性要求			

7. 案例 5-7

（1）案件基本情况

申请号：DM/217285

产品名称：Intelligent sweeping robot（智能扫地机）

国际公布视图如图 5-2-7 所示。

图 5-2-7　DM/217285 申请的国际公布视图

(2) 主要审查局有关新颖性的审查结论

主要审查局关于 DM/217285 的审查结论如表 5-2-7 所示。

表 5-2-7　DM/217285 审查结论汇总

审查局	有关新颖性的审查结论	证据来源	适用法律	请求保护的外观设计及现有设计视图
美局	符合新颖性要求			
日局	不符合新颖性要求	中国外观设计公报证据	日本《外观设计法》第3条第1款（iii）项	
韩局	以不符合创造性要求发出驳回通知，申请人答复并要求新颖性宽限期后予以授权	两项中国外观设计公报证据组合	韩国《外观设计保护法》第33条第（2）款	

8. 案例 5-8

(1) 案件基本情况

申请号：DM/212380

产品名称：Protective face mask（防护口罩）

国际公布视图如图 5-2-8 所示。

图 5-2-8　DM/212380 申请的国际公布视图

(2) 主要审查局有关新颖性的审查结论

主要审查局关于 DM/212380 的审查结论如表 5-2-8 所示。

表 5-2-8　DM/212380 审查结论汇总

审查局	有关新颖性的审查结论	证据来源	适用法律	请求保护的外观设计及现有设计视图
美局	符合新颖性要求			
日局	不符合新颖性要求	网络证据（YouTube）	日本《外观设计法》第3条第1款（iii）项	https://www.youtube.com/watch?v=Wl_4kZi-El0
韩局	以不符合新颖性要求针对设计1、设计2发出驳回通知，申请人答复并要求新颖性宽限期后予以授权	网络证据（hypebeast品牌官网）	韩国《外观设计保护法》第33条第（1）款第③项	

9. 案例 5-9

（1）案件基本情况

申请号：DM/215465

产品名称：Modular building（组装式建筑）

国际公布视图如图 5-2-9 所示。

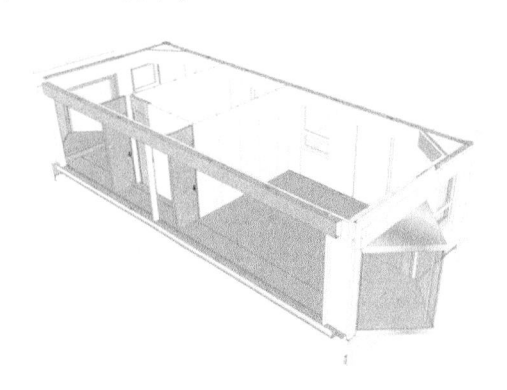

图 5-2-9　DM/215465 申请的国际公布视图

（2）主要审查局有关新颖性的审查结论

主要审查局关于 DM/215465 的审查结论如表 5-2-9 所示。

表 5-2-9 DM/215465 审查结论汇总

审查局	有关新颖性的审查结论	证据来源	适用法律	请求保护的外观设计及现有设计视图
美局	符合新颖性要求			
日局	不符合新颖性要求	网络证据（YouTube）	日本《外观设计法》第3条第1款（iii）项	
韩局	符合新颖性要求			
加拿大局	不符合新颖性要求	三项网络证据（YouTube）	加拿大《外观设计法》第7条（b）、第8条第2款（1）（a）	

10. 案例 5-10

（1）案件基本情况

申请号：DM/215835

产品名称：Spinning toy（动感玩具）

国际公布视图如图 5-2-10 所示。

图 5-2-10 DM/215835 申请的国际公布视图

（2）主要审查局有关新颖性的审查结论

主要审查局关于 DM/215835 的审查结论如表 5-2-10 所示。

表 5-2-10　DM/215835 审查结论汇总

审查局	有关新颖性的审查结论	证据来源	适用法律	请求保护的外观设计及现有设计视图
美局	不符合创造性要求	英国和中国外观设计公报证据、网络证据（YouTube）	《美国法典》第35篇第103条	
日局	符合新颖性要求			
韩局	符合新颖性要求			
越南局	不符合新颖性要求	欧盟外观设计公报证据	越南《知识产权法》第63条第（1）款；第01/2007/TT-BKHCN号通告第35条第（7）款	

11. 案例 5-11

（1）案件基本情况

申请号：DM/217117

产品名称：Fruit gum（水果口香糖）

国际公布视图如图 5-2-11 所示。

图 5-2-11　DM/217117 申请的国际公布视图

(2) 主要审查局有关新颖性的审查结论

主要审查局关于 DM/217117 的审查结论如表 5-2-11 所示。

表 5-2-11　DM/217117 审查结论汇总

审查局	有关新颖性的审查结论	证据来源	适用法律	请求保护的外观设计及现有设计视图
美局	符合新颖性要求			
日局	不符合新颖性要求	网络证据（Instagram）	日本《外观设计法》第3条第1款（iii）项	https：//www.instagram.com/p/CFr5iudl_JS/？utm_medium=copy_link
韩局	符合新颖性要求			
加拿大局	不符合新颖性要求	网络证据	加拿大《外观设计法》第7条（b）、第8条第2款（1）（a）	

12. 案例 5-12

(1) 案件基本情况

申请号：DM/215621

产品名称：Bottle stopper（瓶塞）

国际公布视图如图 5-2-12 所示。

图 5-2-12　DM/215621 申请的国际公布视图

(2) 主要审查局新颖性的审查结论

主要审查局关于 DM/215621 审查结论如表 5-2-12 所示。

表 5-2-12　DM/215621 审查结论汇总

审查局	有关新颖性的审查结论	证据来源	适用法律	请求保护的外观设计及现有设计视图
美局	无费视撤			
日局	不符合新颖性要求	欧盟外观设计公报证据	日本《外观设计法》第3条第1款（iii）项	
韩局	符合新颖性要求			
加拿大局	不符合新颖性要求	英国外观设计公报证据	加拿大《外观设计法》第7条（b）、第8条第2款（1）(a)	

13. 案例 5-13

（1）案件基本情况

申请号：DM/213988

产品名称：Device for self-monitoring of heart conditions and vital signs（心脏病自我监控及显示装置）

国际公布视图如图 5-2-13 所示。

图 5-2-13　DM/213988 申请的国际公布视图

（2）主要审查局有关新颖性的审查结论

主要审查局关于 DM/213988 审查结论如表 5-2-13 所示。

表 5-2-13　DM/213988 审查结论汇总

审查局	有关新颖性的审查结论	证据来源	适用法律	请求保护的外观设计及现有设计视图
美局	符合新颖性要求			
日局	设计2不符合新颖性要求	网络证据（YouTube）	日本《外观设计法》第3条第1款（iii）项	针对设计2 https://www.youtube.com/watch?v=srhl67IQ5G4
韩局	以不符合新颖性要求发出驳回通知，申请人答复理由充分，予以授权	网络证据（YouTube）	韩国《外观设计保护法》第33条第（1）款第③项	针对设计1-3

14. 案例 5-14

（1）案件基本情况

申请号：DM/212914

产品名称：Ancillary board for electric scooters（vehicles）（电动滑板车的辅助板）

国际公布视图如图 5-2-14 所示。

图 5-2-14　DM/212914 申请的国际公布视图

（2）主要审查局有关新颖性的审查结论

主要审查局关于 DM/212914 的审查结论如表 5-2-14 所示。

表 5-2-14　DM/212914 审查结论汇总

审查局	有关新颖性的审查结论	证据来源	适用法律	请求保护的外观设计及现有设计视图
美局	无费视撤			
日局	不符合新颖性要求	WIPO 外观设计公报证据	日本《外观设计法》第3条第1款（iii）项	
韩局	符合新颖性要求			

15. 案例 5-15

（1）案件基本情况

申请号：DM/217762

产品名称：Ornamentation（装饰物）

国际公布视图如图 5-2-15 所示。

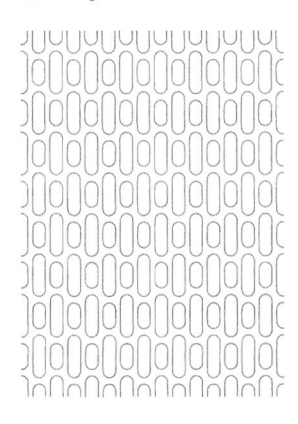

图 5-2-15　DM/217762 申请的国际公布视图

（2）主要审查局有关新颖性的审查结论

主要审查局关于 DM/217762 的审查结论如表 5-2-15 所示。

表 5-2-15　DM/217762 审查结论汇总

审查局	有关新颖性的审查结论	证据来源	适用法律	请求保护的外观设计及现有设计视图
美局	符合新颖性要求			
日局	符合新颖性要求			
韩局	不符合创造性要求	网络证据（YouTube）	韩国《外观设计保护法》第 33 条第（2）款"创造性"	

16. 案例 5-16

（1）案件基本情况

申请号：DM/217939

产品名称：Table（桌子）

国际公布视图如图 5-2-16 所示。

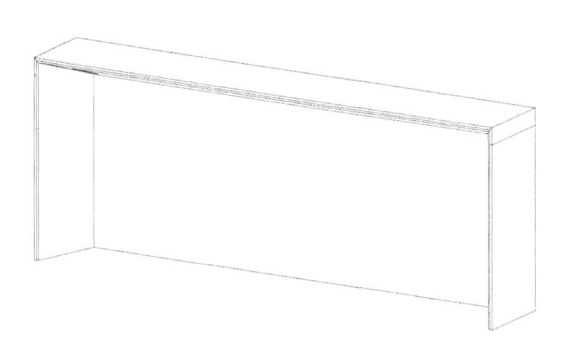

图 5-2-16　DM/217939 申请的国际公布视图

（2）主要审查局有关新颖性的审查结论

主要审查局关于 DM/217939 的审查结论如表 5-2-16 所示。

表 5-2-16　DM/217939 审查结论汇总

审查局	有关新颖性的审查结论	证据来源	适用法律	请求保护的外观设计及现有设计视图
美局	符合新颖性要求			
日局	符合新颖性要求			
韩局	不符合创造性要求	欧盟外观设计公报证据结合网络证据（Facebook，Instagram）	韩国《外观设计保护法》第 33 条第（2）款	
越南局	不符合新颖性要求	网络证据（web.archive.org）	越南《知识产权法》第 63 条第（1）款；第 01/2007/TT-BKHCN 号通告第 35 条第（7）款	https：//web.archive.org/web/20210612144600/https：//www.arclinea.it/ita/modelli on 12/06/2021

17. 案例 5-17

（1）案件基本情况

申请号：DM/209890

产品名称：Bag for packaging（包装袋）

国际公布视图如图 5-2-17 所示。

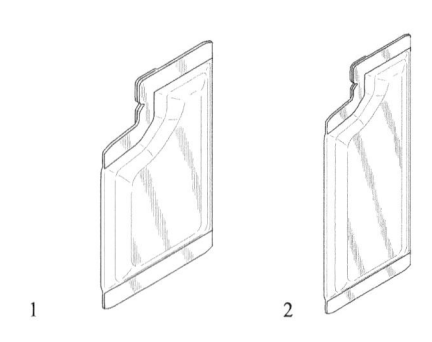

图 5-2-17　DM/209890 申请的国际公布视图

(2) 主要审查局有关新颖性的审查结论

主要审查局关于 DM/209890 的审查结论如表 5-2-17 所示。

表 5-2-17　DM/209890 审查结论汇总

审查局	有关新颖性的审查结论	证据来源	适用法律	请求保护的外观设计及现有设计视图
美局	符合新颖性要求			
日局	符合新颖性要求			
韩局	符合新颖性要求			
加拿大局	以不符合新颖性要求发出驳回通知，申请人答复后予以授权	WIPO、加拿大外观设计公报证据单独对比	加拿大《外观设计法》第 7 条 (b)、第 8 条第 2 款 (1)(a)	

(二) 案情分析

从案例来看，主要审查局引用同一证据进行新颖性或创造性评价的情况较少，比较方式包括单篇对比和多篇证据结合对比。

案例 5-1、案例 5-2 均有四个审查局就新颖性问题发出驳回通知。主要审查局引用的证据均不相同，美、日、越南三局引用单一证据进行不符合其新颖性条款的评价，而韩局则采用了两项现有设计组合的方式进行不符合创造性条款的评价。

案例 5-3 有四个审查局就新颖性问题发出驳回通知。其中美、韩、加拿大局均引用了同一证据进行不符合新颖性条款的评价。

案例 5-4，美、日、韩三局均引用同一网络证据进行不符合新颖性条款的评价。

案例 5-5，日、韩两局均引用同一网络证据进行不符合新颖性条款的评价。

案例 5-6，美、韩两局引用不同网络证据。美局使用多篇证据结合进行不符合创造性条款的评价，韩局使用单篇证据进行不符合新颖性条款的评价。

案例 5-14，请求保护的外观设计为电动滑板车的辅助板，仅日局引用了电动滑板车的现有设计进行不符合新颖性条款的评价。

案例 5-15，请求保护的外观设计为孔形纹饰，分类号为 32-00❶，仅韩局引用了网络证据中一款产品上的孔形格栅结构进行不符合创造性条款的评价。

其他案例的证据引用形式和评价方式已涵盖在上述案例的案情分析中，在此不再赘述。

二、法条运用及分析

从主要审查局发出的驳回通知可以总结出主要审查局对新颖性审查的法条适用情况，以及在新颖性和创造性两个层次上的判断标准。

（一）美　国

美局就新颖性问题发出驳回通知所依据的条款主要为《美国法典》第 35 篇第 102 条（a）款（1）项和第 35 篇第 103 条（a）款。

《美国法典》第 35 篇第 102 条（a）款规定了可享专利性的新颖性条件：

（a）新颖性：现有技术

除下列情形外，一个人有权获得专利：（1）在要求保护的发明的有效申请日以前，已经有人就此获得专利，或者在印刷出版物上已有描述的，被公开使用、销售或其他方式为公众所知的；……

《美国法典》第 35 篇第 103 条（a）款规定了可享专利性的非显而易见性条件：

一项请求保护的发明，虽然并未像第 102 条所述的已经完全相同地披露过或者描述过，但是如果要求保护的发明与现有技术之间的差异是这样的微小，以至于该要求保护的发明作为一个整体在该发明的有效申请日之前对其所属技术领域普通技术人员是显而易见的，则不得授予专利。可享专利性不应根据作出发明的方式而予以否定。

（二）日　本

日局就新颖性问题发出驳回通知所依据的条款主要为日本《外观设计法》第 3 条第 1 款（iii）项。

---

❶ 案例 15 国际公布时，《国际外观设计分类表》第 14 版尚未发布，第 32 类仅包含 32-00。

日本《外观设计法》第 3 条规定了外观设计注册的要件，包括新颖性和创造性。其中第 3 条第 1 款是新颖性条款，涉及三种可获得注册的例外情形：创作了适于工业应用的外观设计的人，除下述外观设计之外，均可就其外观设计获得外观设计注册：(ⅰ) 外观设计注册申请前在日本国内或者国外已公知的外观设计；(ⅱ) 外观设计注册申请前在日本国内或者国外所发行的出版物上已有记载的外观设计或者公众通过电信线路可获知的外观设计；(ⅲ) 与前两项所列外观设计类似的外观设计。

第 3 条第 2 款是创造性条款，体现了对创作容易性的评价：外观设计注册申请前，具备该外观设计所属技术领域一般知识的人根据在日本国内或者国外已公知的形状、图案、色彩或者其结合能容易地创作出该外观设计的，不受前款的规定，不能就该外观设计（前款各项所列者除外）获得外观设计注册。

(三) 韩　国

韩局就新颖性问题发出驳回通知所依据的条款主要涉及韩国《外观设计保护法》第 33 条第 (1) 款和第 (2) 款，分别为新颖性条款和创造性条款。

第 33 条第 (1) 款为新颖性条款，涉及三种可获得注册的例外情形：

(1) 适于工业应用的外观设计可以被注册，但是，下列情形除外：

① 外观设计注册申请之前，该外观设计已在韩国或者外国为公众所知或公开实施；

② 外观设计注册申请之前，该外观设计已刊载在韩国或者外国发行的出版物上，或者属于通过电子方式公众可以获得的外观设计；

③ 该外观设计与本款第①项或者第②项所述的外观设计相近似。

第 33 条第 (2) 款为创造性条款，体现了对创作容易性的评价：

(2) 尽管有本条第 (1) 款的规定，外观设计注册在申请之前，如果本领域具有通常知识的人根据下列情形能够容易地创作出该外观设计 [除本条第 (1) 款所述的外观设计外]，该外观设计不得被注册：

① 属于本条第 (1) 款第①项或者第②项所述的外观设计组合的外观设计；

② 属于国内外广为人知的形状、图案、色彩或者其组合的外观设计。

(四) 加拿大

加拿大局就新颖性问题发出驳回通知所依据的条款主要涉及加拿大《外观设计法》第 7 条 (b)。

《外观设计法》第 7 条规定：

一项设计可以被注册，倘若：

(a) 申请是根据本法提交的；

(b) 该外观设计是新颖的，符合第 8.2 条的含义；

(c) 该外观设计是由申请人或申请人的前任在所有权上创造的；

(d) 该外观设计并非仅包括物品的功能所限定的特征；

(e) 该外观设计不违反公共道德或秩序。

(五) 越 南

越南局就新颖性问题发出驳回通知所依据的条款主要涉及越南《知识产权法》第63条第（1）款和第01/2007/TT-BKHCN号通告第35条第（7）款。

《知识产权法》第63条规定：

有资格获得保护的工业品外观设计的一般条件。工业品外观设计符合下列条件的，应当予以保护：（1）新颖性；（2）勇于创新；（3）易于工业化应用。

第01/2007/TT-BKHCN号通告第35条第（7）款——工业新颖性评估：

根据《知识产权法》第65条的规定，评价外观设计的新颖性。

（1）工业品外观设计新颖性的评估方法。

为了评估申请书中陈述的工业设计的新颖性，有必要将收集的该工业设计的实质性设计特征与通过信息搜索找到的每个参考工业设计特征进行比较。

（2）关于工业品外观设计新颖性的结论。

在下列情况下，申请书中所述的工业品外观设计应被视为新颖：

（1）在强制性最低限度信息来源中找不到参考工业品外观设计；或

（2）尽管在强制性最低限度信息来源中找到了参考工业品外观设计，但申请书中所述的工业品外观设计被认为与参考工业品外观设计有很大不同；或

（3）参考工业品外观设计是指在《知识产权法》第65条第（3）款和第（4）款规定的情况下公布/披露的申请书中陈述的工业品外观设计。

综上，从相应法律规定可以看出，美国、日本和韩国对新颖性和创造性有明确的法条区分，结合案例可以更明确区分不同法条的适用情形：美局引用相似度较高的单一证据对比时适用其新颖性条款——《美国法典》第35篇第102条（a）款（1）项，引用多篇证据且说明所作出变化对所属技术领域普通技术人员是显而易见时适用其创造性条款——《美国法典》第35篇第103条（a）款；韩局引用相似度较高的单一证据对比时适用其新颖性条款——韩国《外观设计保护法》第33条第（1）款，引用多篇证据且说明所作出变化对所属技术领域普通技术人员是显而易见时适用其创造性条款——韩国《外观设计保护法》第33条第（2）款；日局通常仅引用单一证据并适用新颖性条款——日本《外观设计法》第3条第1款（iii）项。查阅到的加拿大和越南的案例均引用单一证据，适用其新颖性条款。

三、对于新颖性问题的指出方式及克服缺陷的方式

主要审查局在驳回通知的样式设计、现有设计信息的引用形式上均存在不同。

(一) 美 国

美局的驳回通知中大多会给出现有设计的视图（也有未列出的情况，如DM/213882），进行较为详细的相关评述，并可能会在通知书后附大量其他现有设计视图及

信息列表，列表包括美国和其他国家外观设计文献。通知书可能会包含提示申请人提交书面的新颖性宽限期声明以克服缺陷的内容，如图 5-2-18 所示。

> Applicants may overcome this rejection by providing convincing evidence that the disclosure was made one year or less before the effective filing date of the claimed invention, and 1) the disclosure was made by the inventor, a joint inventor, or by another who obtained the subject matter directly or indirectly from the inventor or joint inventor; or 2) before such disclosure, the subject matter disclosed had been publicly disclosed by the inventor or a joint inventor or another who obtained the subject matter disclosed directly or indirectly from the inventor or joint inventor.

图 5-2-18　美国提交新颖性宽限期声明提示示例

通知书不附相关法律条文。

（二）日　本

日局的驳回通知中会简要指明驳回理由，并给出引用的相关现有设计文件信息，但不进行具体评述。列举的公报证据信息，包括来源局、申请号、注册日、公开日、注册号、申请人、申请人地址、优先权日等。列举的网络证据信息，包括证据类型、标题、公开日期、检索日期等。驳回通知中现有设计信息列举方式如图 5-2-19 所示。

```
Cited Design
The following design which was described in a publication
    Publishing Office:              World Intellectual Property Organization
    Title of the Publication:       International Designs Bulletin
    Registration Number:            DM/201074
            Design Number    1
                             Design of Ancillary board part of the "Electric
                             scooter" design
    Publication Date (yyyy/mm/dd):  2019/05/31
    Filing Date (yyyy/mm/dd):       2019/02/13
    Registration Date (yyyy/mm/dd): 2019/02/13
    Filing Number:                  DM/201074
    Name of Right Holder:           BEIJING XIAOMI MOBILE SOFTWARE
                                    CO., LTD.
    Domicile/Residence of Right Holder:  Room 01, Floor 9, Rainbow City
                                    Shopping Mall Ⅱ of China Resources,
                                    NO. 68, Qinghe Middle Street, Haidian
                                    District
                                    100085 Beijing (CN)
```

图 5-2-19　日本驳回通知中现有设计信息示例

通知书附日本《外观设计法》全部审查条款。

(三) 韩 国

韩局的驳回通知中以表格形式呈现请求保护的外观设计和现有设计的对比图，相关信息包括来源局、设计号、公开日、权利人、检索日期等。通知书会指明驳回理由并进行简明直接的评述，涉及组合评价的申请的，会给出示意图。通知书可能会包含相关修改建议，比如找到的证据可能为申请人本人的在先公开，会提示其提交书面的新颖性宽限期声明以克服缺陷，如图 5-2-20 所示。

> note > However, an **applicant can claim the exception to lack of novelty** through a written opinion, where a person who can obtain the right of design registration applies for design registration within twelve months from the initial date of public announcement. The applicant shall submit a document stating his/her intention, along with documents proving his/her eligibility.

图 5-2-20　韩国提交新颖性宽限期声明提示的示例

驳回通知中现有设计信息列举方式如图 5-2-21 所示。

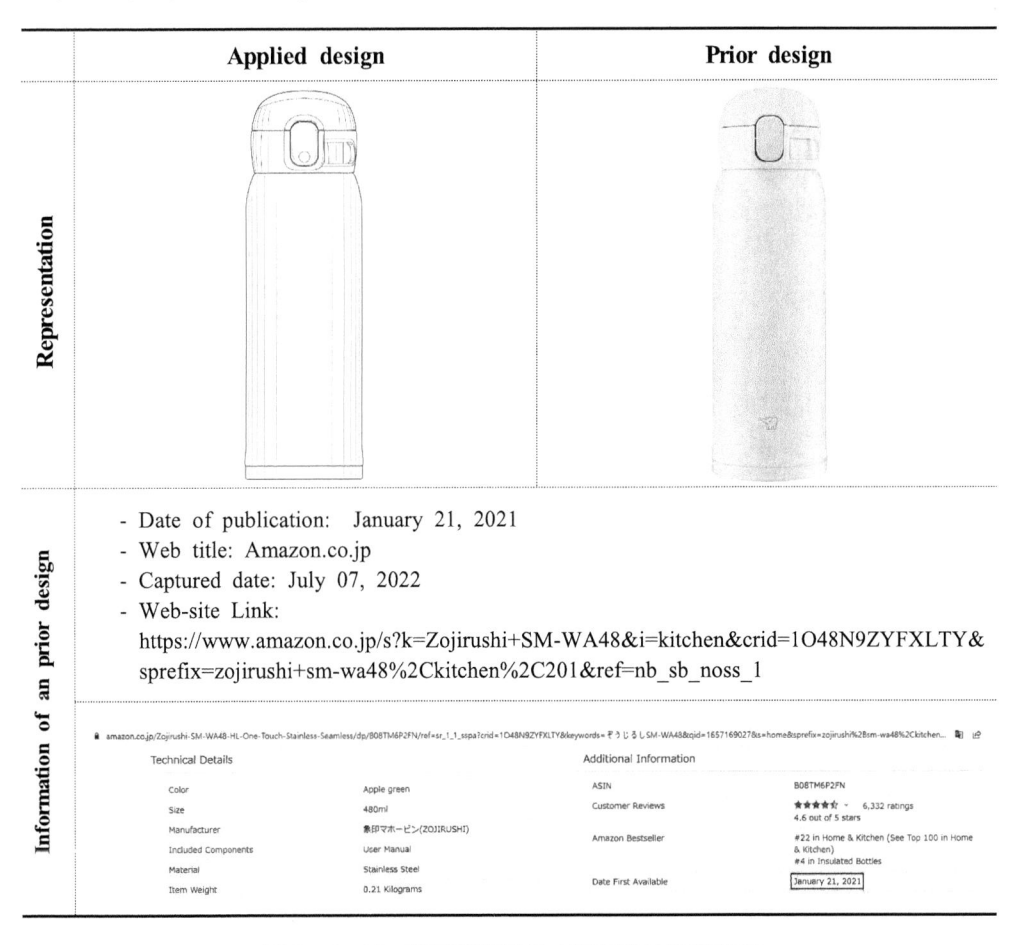

图 5-2-21　韩国驳回通知中现有设计信息示例

通知书附驳回理由相关法律条文。

（四）加拿大

加拿大局的驳回通知会给出相关现有设计文献标题、来源及公开日期，有附图或无附图形式均存在。通知书中会给出提示（如图 5 – 2 – 22 所示），答复时如提供新颖性宽限期证明可以撤回对国际注册的驳回理由。

> In accordance with paragraph 8.2(1)(a) of the Act, if the design has been made available to the public, in Canada or elsewhere, within 12 months from the date of priority of the design by either the person who filed the application, a predecessor in title or by a person who obtained, from them, knowledge of the design, then the applicant is invited to submit evidence to substantiate this fact. If supported, the Industrial Design Office may withdraw this objection to registration.

图 5 – 2 – 22　加拿大提交新颖性宽限期证明的提示示例

通知书不附相关法律条文。

（五）越　南

越南局在驳回通知第 V 项给出证据及驳回理由，第 Ⅵ 项给出相关文献信息（如图 5 – 2 – 23 所示），如注册号、网址等，无附图。如无新颖性问题，则第 Ⅵ 项为空。

> Ⅵ.　Information relating to earlier industrial design(s):
> https://web.archive.org/web/20210612144600/https://www.arclinea.it/ita/modelli

图 5 – 2 – 23　越南驳回通知中现有设计的信息示例

通知书附驳回相关法律条文。

综上，从主要审查局驳回通知的内容来看，韩局的通知书形式清晰，通过表格附图对比和列举信息可以使申请人更加直观地理解驳回理由。美局和加拿大局没有固定的通知书格式要求，美局通知书存在有附图和无附图两种情况；加拿大局通知书均有附图，但附图方式不固定。日局和越南局均在通知书中有相应的固定格式，但是均无附图。

四、新颖性证据的运用

（一）检索的专利数据库

主要审查局会根据国际注册的来源国有针对性地选择检索数据库，除检索本国数据库外，还会将检索范围扩大到其他局的数据库，如英国知识产权局、欧盟知识产权局、WIPO 数据库均被多次引用。查阅到的案例中也有数个引用了中国《外观设计专利公报》证据,且对中国《外观设计专利公报》证据的引用不限于国际注册来源国为中国。

(二) 检索的非专利文献来源及运用情况

YouTube 等视频网站,Facebook、Instagram 等社交平台,网页档案馆(web.archive.org)等都是网络证据的主要来源。网络证据范围还涉及其他科技网站、资讯网站、品牌网站等。主要审查局明显会根据专利权人信息开展检索,图片和视频证据均有使用。

从驳回通知所引用网络证据的质量来看,主要审查局对网络证据公开的充分性普遍要求不高,通常能够展示外观设计的主要面即可。

(三) 各局引用证据的相关性

由于主要审查局发出驳回通知的时机不同,且均可查询到其他局在先发出的通知书内容,所以在后发出通知的局完全具有引用在先发出通知的局所用证据的条件。在查阅的案例中,确实存在多个局引用同一证据的情况。但是更多情况下,主要审查局引用了不同的证据,甚至在后发出驳回通知的局并不一定会指出新颖性问题。

第三节 本章小结

一、主要审查局的审查标准

由于主要审查局同时驳回且使用同一证据的样本极少,难以充分衡量其新颖性判断标准的差异。整体来看,主要审查局对证据的运用均较为谨慎,所引用网络证据大多为其申请的在先公开或同品牌迭代产品,所引用专利证据较多为同一设计在其他国家的在先申请。

在证据的引用方面,美局主要采用单篇对比的方式,也会引用多篇证据说明某一设计相对于现有设计的改变对于本领域技术人员来说是显而易见的,但从案例来看,这种显而易见性都比较明确。日局也主要采用单篇对比的方式,对单篇证据的相似度要求更高,从查阅到的案例未发现多篇证据结合对比的情况。韩局会使用组合方式对比,且使用次数较多,可见组合对比是其常用的一种评价方式。此外,韩局还会引用多篇证据说明某一设计相对于现有设计的改变对于本领域技术人员来说是显而易见的。

主要审查局对网络证据的公开程度普遍要求较低,对于立体产品,通常仅公开主要设计面即可。对于网络证据公开造成的新颖性缺陷,在美局、韩局、加拿大局的驳回通知中均可以看到关于如何克服的相关提示,如果根据相应相关法律规定申请人能够提供有效的新颖性宽限期证明文件的,则可以克服缺陷获得授权。

在韩局的 44 件新颖性驳回案件中,有 18 件引用网络证据的案件最终克服缺陷获得授权；在美局的 15 件新颖性驳回案件中，有 5 件引用网络证据的案件最终克服缺陷获得授权，但通过通知书内容无法明确判断上述引用网络证据的案件是否因提交了新颖性宽限期证明文件而克服缺陷。

二、与我国审查标准对比

从判断主体和新颖性审查的判断标准来说，美国、日本、韩国对于新颖性判断的主体是所属领域普通技术人员，而我国的判断主体是一般消费者。

从本书案例及我国审查实践来看，案例中所引用的证据基本可以适用我国《专利法》第 23 条第 1 款或者第 23 条第 2 款进行审查。

对于网络证据公开造成的新颖性缺陷，根据美国、韩国、加拿大关于不丧失新颖性的相关法律规定，申请人能够在审查过程中通过提供有效的新颖性宽限期证明文件的方式克服缺陷获得授权，而我国没有类似的救济途径。

第六章 有关单一性的审查标准

第一节 审查情况

一、美日韩三局的审查情况

在本书抽样的 420 件国际注册中，被美日韩至少一个局在其驳回通知书中指出单一性问题的有 109 件。其中，有 23 件国际注册三个局同时指出单一性问题，有 33 件国际注册由两个局共同指出单一性问题，有 53 件国际注册仅有一个局指出单一性问题。其中日局对于每项设计均给予国内申请号，并发出通知书。对于同一件申请中各项外观设计相似度较低、未采取关联设计申请形式提交的情形，日局认为各项设计均符合授权条件，不会指出单一性问题；对于同一件申请中各项外观设计相似度较高、未采用关联设计申请的形式提交的情形，日局会以违反禁止重复授权原则为由发出驳回通知书。尽管驳回通知书的理由是违反禁止重复授权原则，但这实际上仍然是单一性问题，因此本书将日局此类通知书纳入单一性研究的范围。

如表 6-1-1 所示，在上述三个局中，美局指出单一性问题的国际注册数量最多，为 95 件，占其所发出驳回通知书的 39.09%；日局指出单一性问题的国际注册为 49 件，占其所发出驳回通知书的 33.79%；韩局指出单一性问题的国际注册为 44 件，占其所发出驳回通知书的 28.95%。

表 6-1-1 美日韩三局涉及单一性的驳回通知书数量和占比

类 型	审查局		
	美局	日局	韩局
涉及单一性的通知书数量（件）	95	49	44
涉及单一性的通知书占比（%）	39.09	33.79	28.95

如表 6-1-2 所示，在美局指出单一性问题的 95 件国际注册中，针对 85 件指出各项设计不属于一个设计构思，占其指出单一性问题的驳回通知书的 89.47%；针对 10 件指出设计之间相同，占其指出单一性问题的驳回通知书的 10.53%。

日本和韩国有关联设计申请制度。符合条件但申请人未按照关联设计申请的国际注册，日局和韩局会发出驳回通知书，并建议可以修改为关联设计申请以克服缺陷。在日局指出单一性相关问题的49件国际注册中，针对37件指出设计间相似，可以保留其中一项或作为关联设计申请，占其指出单一性问题的驳回通知书的75.51%；针对11件指出设计之间不相似（包括相同），占其指出单一性问题的驳回通知书的22.45%；1件指出指定的主要外观设计为该设计本身，占其指出单一性问题的驳回通知书的2.04%。

在韩局指出单一性相关问题的44件国际注册中，针对29件指出设计间相似，可以保留其中一项或作为关联设计申请，占其指出单一性问题的驳回通知书的65.91%；针对13件指出设计之间不相似（包括相同），占其指出单一性问题的驳回通知书的29.55%；针对2件指出指定的主要外观设计为该设计本身，占其指出单一性问题的驳回通知书的4.54%。

表6-1-2 美日韩三局涉及单一性的驳回理由和占比

审查局	情形	占该局涉及单一性的驳回通知书比例（%）
美局	各项设计不属于一个设计构思	89.47
	设计之间相同	10.53
日局	设计间相似，可以保留其中一项或作为关联设计申请	75.51
	设计之间不相似（包括相同）	22.45
	指定的主要外观设计为该设计本身	2.04
韩局	设计间相似，可以保留其中一项或作为关联设计申请	65.91
	设计之间不相似（包括相同）	29.55
	指定的主要外观设计为该设计本身	4.54

二、其他审查局的审查情况

在本书抽样的420件国际注册中，同时有203件指定俄罗斯，196件指定加拿大，116件指定越南。尽管加拿大的法律条款中有对于单一性的相关规定，但由于加拿大并未对外观设计国际申请的复制件作出单一性要求的声明，因此本章中有关其他审查局的单一性审查情况仅考虑俄罗斯局和越南局。其中，如表6-1-3所示，俄罗斯局涉及单一性的驳回通知书占其所发驳回通知书的比例最高，为80%，明显高于其他局；越南局涉及单一性的驳回通知书占其所发驳回通知书的比例为15.79%。

表 6-1-3 俄越两局涉及单一性的驳回通知书数量和占比

类　型	审查局	
	俄罗斯局	越南局
涉及单一性的通知书数量（件）	52	18
涉及单一性的通知书占比（%）	80.00	15.79

第二节　相关案例及案情分析

在本书所涉及的国际注册中，主要审查局单一性审查判断的焦点集中在是否相似，因此本节主要讨论相似性的判断。

一、案例介绍

（一）审查结论一致的案例

1. 案例 6-1

（1）案件基本情况

申请号：DM/211956

产品名称：1. Electric toothbrush with a protective cap for the brush portion；2. Electric toothbrush；3. Electric toothbrush handle（1. 带刷头保护盖的电动牙刷；2. 电动牙刷；3. 电动牙刷手柄）

国际公布视图如图 6-2-1 所示。

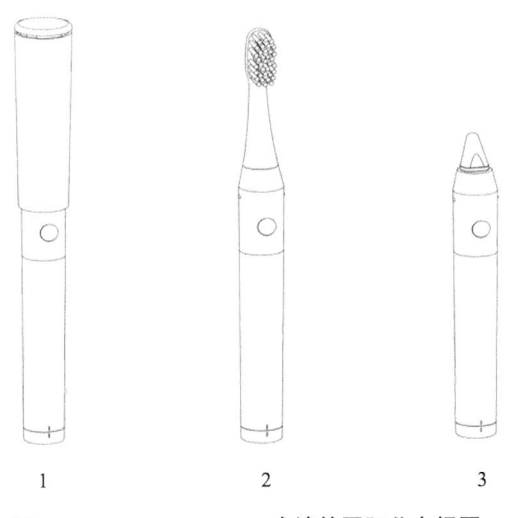

图 6-2-1 DM/211956 申请的国际公布视图

主要审查局有关单一性的审查结论如表 6-2-1 所示。

表 6-2-1　DM/211956 审查结论汇总

审查局	相似性结论和分析	适用法条
美局	不属于同一设计构思，不相似	《美国法典》第 35 篇第 121 条
日局	直接授权，不相似	
韩局	直接授权，不相似	
俄罗斯局	实质特征有所区别，不相似	俄罗斯联邦《民法典》第 1352 条和第 1377 条

（2）案情分析

针对该国际注册中的三项外观设计，美局认为其可专利性差异明显，不属于同一设计构思，不相似。俄罗斯局认为其实质特征有所区别，因此不相似。该国际注册指定日局和韩局时未指定主要外观设计，即未表明其为关联设计申请，因此日局、韩局认为各项设计属于独立的设计，互不相似。

对于该国际注册，如指定我国，三项外观设计整体形状差异较大，可能因不属于相似设计，不符合我国《专利法》第 31 条第 2 款和《专利法实施细则》第 40 条第 1 款的规定而不能授予专利权。

2. 案例 6-2

（1）案件基本情况

申请号：DM/210807

产品名称：Apparatus and installations for medical or laboratory diagnosis（医疗或实验室诊断用仪器和装置）

国际公布视图如图 6-2-2 所示。

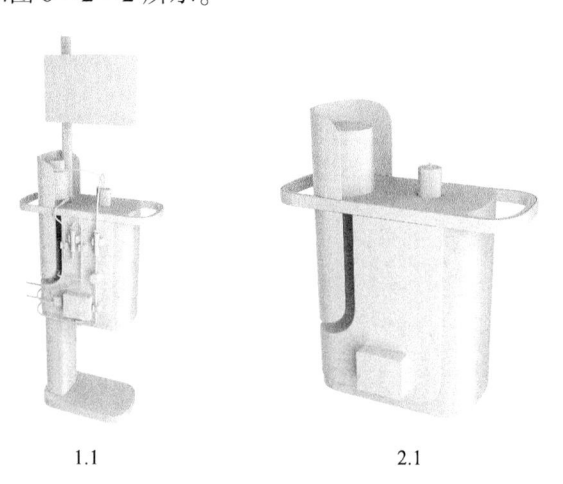

图 6-2-2　DM/210807 申请的国际公布视图

主要审查局有关单一性的审查结论如表 6-2-2 所示。

表 6-2-2　DM/210807 审查结论汇总

审查局	相似性结论和分析	适用法条
美局	不属于同一设计构思，不相似	《美国法典》第 35 篇第 121 条
日局	与主要外观设计不相似	日本《外观设计法》第 10 条第 1 款
韩局	与主要外观设计不相似	韩国《外观设计保护法》第 35 条第（1）款

（2）案情分析

针对该国际注册中的两项外观设计，美局指出可专利性差异明显，不属于同一设计构思，不相似。日局和韩局均指出申请人指定的关联外观设计与主要外观设计之间不相似。

对于该国际注册，如指定我国，两项外观设计既不属于成套产品的外观设计，也不属于相似设计，可能因不符合单一性要求，不符合我国《专利法》第 31 条第 2 款和《专利法实施细则》第 40 条第 1 款的规定而不能授予专利权。

3. 案例 6-3

（1）案件基本情况

申请号：DM/214939

产品名称：1-2，Helicopter toy；3-4，Tail plane for a helicopter toy（1—2，玩具直升机；3—4，玩具直升机尾翼）

国际公布视图如图 6-2-3 所示。

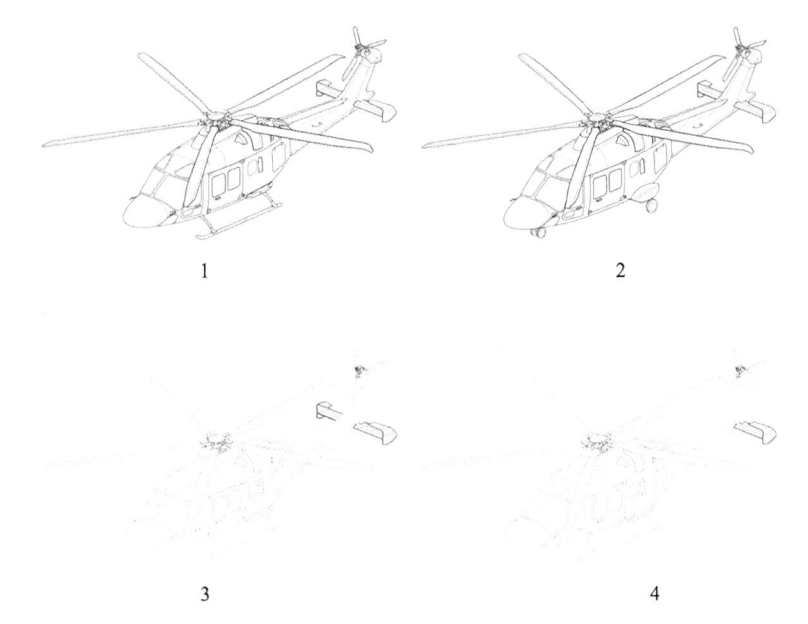

图 6-2-3　DM/214939 申请的国际公布视图

主要审查局有关单一性的审查结论如表6-2-3所示。

表6-2-3 DM/214939 审查结论汇总

审查局	相似性结论和分析	适用法条
美局	不属于同一设计构思，不相似	《美国法典》第35篇第121条
日局	设计1和设计2以不具有新颖性为由驳回，设计3和设计4在未作关联设计申请的情况下授权，不相似	
韩局	设计1和设计2直接授权，设计3和设计4修改产品名称后授权，不相似	
俄罗斯局	实质特征有所区别，不相似	俄罗斯联邦《民法典》第1352条和第1377条

（2）案情分析

针对该国际注册中的四项外观设计，设计1和设计2是整体设计，设计3和设计4是局部设计。设计1和设计2的区别在于起落架，设计3和设计4的区别在于设计3包含左右两个互相对称的尾翼，而设计4仅包含左边的尾翼，且设计4的整体产品中也仅包含左边的尾翼。

美局认为四项设计可专利性差异明显，不属于同一设计构思，因此不相似，同时建议将四项设计分为两组，设计1和设计2一组，设计3和设计4为另一组。

日局以不具有新颖性为由针对设计1和设计2发出驳回通知书，以产品名称不规范为由对设计3和设计4发出驳回通知书。申请人修改产品名称后，日局对设计3和设计4发出给予保护声明。尽管设计4与设计3左边的尾翼完全相同，而设计3左右两个尾翼对称，设计3仅比设计4多一个对称的尾翼，且申请人并未将设计3和设计4作为关联设计申请，日局仍然发出了给予保护声明，可见日局认为设计3和设计4不相似，分别授权不会带来重复授权问题。

韩局虽发出过驳回通知书，但是仅指出设计3和设计4的产品名称问题，可见韩局认为四项设计不相似，授权不会带来重复授权问题。

俄罗斯局认为其实质特征有所区别，因此认为该国际注册不符合单一性要求。

对于该国际注册，如指定我国，可能因设计3、设计4仅是整体产品一小部分的外观设计，设计1和设计2与设计3和设计4整体外观区别较大而不符合单一性要求，不符合我国《专利法》第31条第2款和《专利法实施细则》第40条第1款的规定而不能授予专利权。

4. 案例6-4

（1）案件基本情况

申请号：DM/215506

产品名称：1. Electric wheelchair；2. Folded electric wheelchair；3－5. Electric wheelchair（1. 电动轮椅；2. 折叠电动轮椅；3—5. 电动轮椅）

国际公布视图如图6－2－4所示。

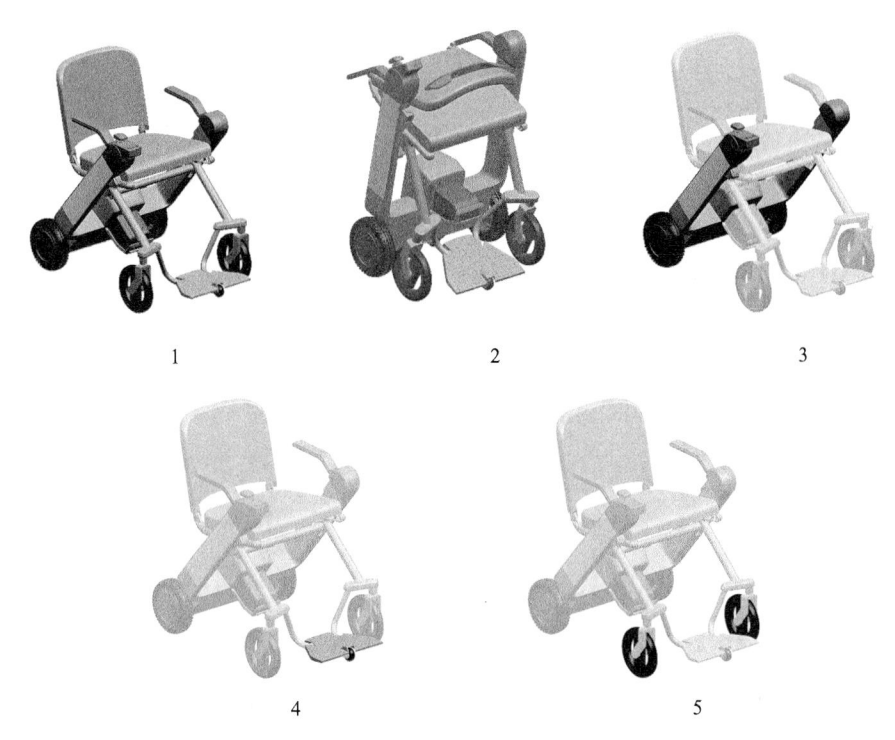

图 6－2－4　DM/215506 申请的国际公布视图

主要审查局有关单一性的审查结论如表6－2－4所示。

表 6－2－4　DM/215506 审查结论汇总

审查局	相似性结论和分析	适用法条
美局	不属于同一设计构思，不相似	《美国法典》第35篇第121条
日局	直接授权，不相似	日本《外观设计法》第9条第2款
韩局	直接授权，不相似	韩国《外观设计保护法》第46条第（2）款

（2）案情分析

针对该国际注册中的五项外观设计，美局认为可专利性差异明显，不属于同一设计构思，不相似，只是并未具体指出如何按照单一性分组，但最后的授权文本中包含设计1和设计2。可见美局认为设计1和设计2可专利性差异不明显，而其他三项设计则与设计1和设计2不相似。日局和韩局直接发出给予保护声明，申请人并未采用关联设计申请方式，可见日局和韩局均认为五项设计之间互相不相似，该案授权不会带来重复授权的问题。

对于该国际注册,如指定我国,可能因各项设计之间整体外观差异较大,不符合单一性要求,不符合我国《专利法》第31条第2款和《专利法实施细则》第40条第1款的规定而不能授予专利权。同时,设计1、设计2分别属于同一产品的两种使用状态,更适宜按照多种变化状态的产品提交视图,而不是将同一产品的不同变化状态作为相似外观设计提交。如果作为相似外观设计申请,则需判断设计之间是否足够相似。

(二) 审查结论不一致的案例

1. 案例6-5

(1) 案件基本情况

申请号:DM/209167

产品名称:Speed reducer(减速器)

国际公布视图如图6-2-5所示(部分)。

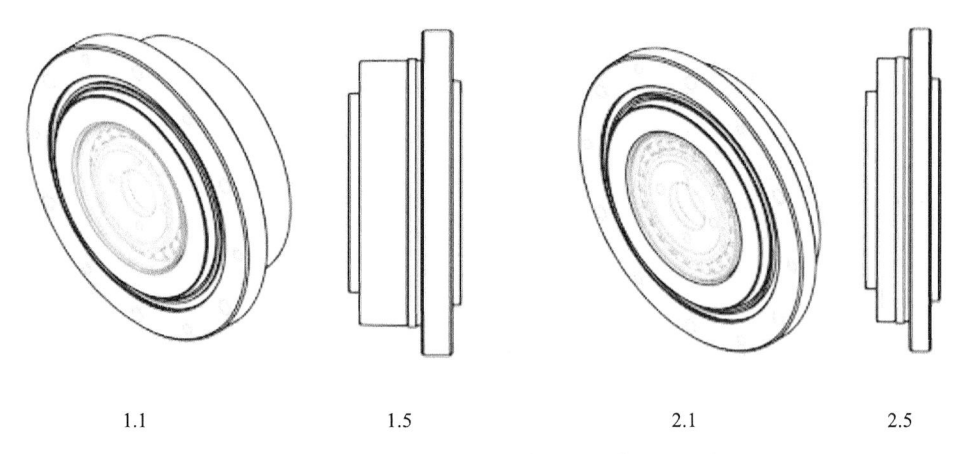

1.1　　　　1.5　　　　2.1　　　　2.5

图6-2-5　DM/209167申请的国际公布视图(部分)

主要审查局有关单一性的审查结论如表6-2-5所示。

表6-2-5　DM/209167审查结论汇总

审查局	相似性结论和分析	适用法条
美局	属于同一设计构思,相似	
日局	不符合禁止重复授权原则,相似,可作关联设计申请	日本《外观设计法》第9条第2款
韩局	不符合禁止重复授权原则,相似,可作关联设计申请	韩国《外观设计保护法》第46条第(2)款
俄罗斯局	实质特征有所区别,不相似	俄罗斯联邦《民法典》第1352条和第1377条

（2）案情分析

针对该国际注册中的两项外观设计，美局认为相似。该国际注册在指定日本和韩国时未写明主要外观设计，即未表明其为关联设计申请，日局和韩局指出两项设计相似，因此不符合禁止重复授权原则，并均在驳回通知书中表明申请人可以使用关联设计申请的方式来克服该缺陷，即指定其中一项设计为主要外观设计，另一项为主要外观设计的关联设计申请。俄罗斯局认为其实质特征有所区别，因此不相似。

对于该国际注册，如指定我国，两项外观设计区别仅在于部件厚度，属于相似设计，符合单一性要求，符合我国《专利法》第 31 条第 2 款和《专利法实施细则》第 40 条第 1 款的规定，可以授予专利权。

2. 案例 6-6

（1）案件基本情况

申请号：DM/213024

产品名称：Toothbrush（牙刷）

国际公布视图如图 6-2-6 所示。

图 6-2-6 DM/213024 申请的国际公布视图

主要审查局有关单一性的审查结论如表 6-2-6 所示。

表 6-2-6 DM/213024 审查结论汇总

审查局	相似性结论和分析	适用法条
美局	不属于同一设计构思，不相似	《美国法典》第 35 篇第 121 条
日局	不符合禁止重复授权原则，相似，可作关联设计申请	日本《外观设计法》第 9 条第 2 款
韩局	直接授权，不相似	
俄罗斯局	实质特征有所区别，不相似	俄罗斯联邦《民法典》第 1352 条和第 1377 条
越南局	说明书未说明是否为套件或变形设计	越南《知识产权法》第 101 条第（1）款和第（3）款

（2）案情分析

针对该国际注册中的两项外观设计，美局指出可专利性差异明显，不属于同一设计构思，因此不相似。虽然日本和韩国都有关联外观设计制度，但是对于该国际注册日局和韩局相似性判断的结果不同。申请人在指定日本和韩国时未写明主要外观设计，即未表明其为关联设计申请；韩局直接发出给予保护通知书，即认为两项设计不相似，不存在重复授权问题；而日局指出其不符合禁止重复授权原则，并在驳回通知书中表明申请人可以使用关联设计申请的方式来克服该缺陷，即认为两项设计相似，直接授权会带来重复授权问题。俄罗斯局认为两项设计实质特征有所区别，因此不相似。越南局驳回通知书仅指出说明书应当写明两项设计是否属于套件或变形设计，未涉及相似性问题。

对于该国际注册，如指定我国，两项外观设计属于相似设计，符合单一性要求，符合我国《专利法》第31条第2款和《专利法实施细则》第40条第1款的规定，可以授予专利权。

3. 案例6-7

（1）案件基本情况

申请号：DM/212302

产品名称：Bag hanger（吊袋架）

国际公布视图（部分）如图6-2-7所示。

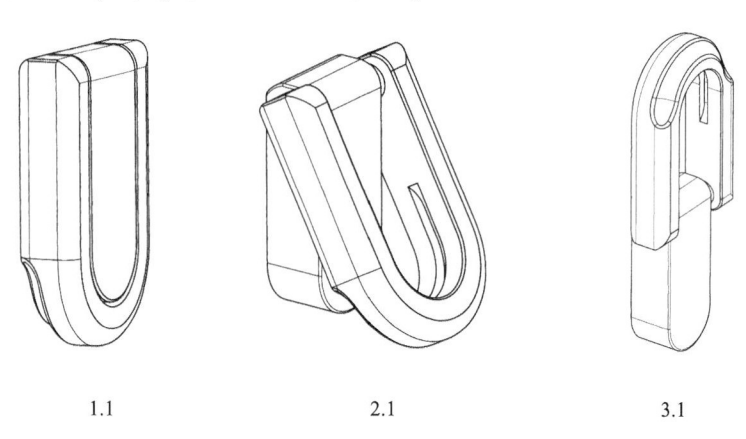

1.1　　　　　2.1　　　　　3.1

图6-2-7　DM/212302申请的国际公布视图（部分）

主要审查局有关单一性的审查结论如表6-2-7所示。

表6-2-7　DM/212302审查结论汇总

审查局	相似性结论和分析	适用法条
美局	属于同一设计构思，相似	
日局	不符合禁止重复授权原则，相似，可作关联设计申请	日本《外观设计法》第9条第2款

续表

审查局	相似性结论和分析	适用法条
韩局	不符合禁止重复授权原则，相似，可作关联设计申请	韩国《外观设计保护法》第46条第（2）款
俄罗斯局	实质特征有所区别，不相似	俄罗斯联邦《民法典》第1352条和第1377条

（2）案情分析

针对该国际注册中的三项外观设计，美局认为属于同一设计构思，符合单一性要求。申请人在指定日本和韩国时未写明主要外观设计，即未表明其为关联设计申请。日局和韩局指出三项设计相似，不符合禁止重复授权原则，并均在驳回通知书中表明申请人可以使用关联设计申请的方式来克服该缺陷，即指定其中一项设计为主要外观设计，另两项为主要外观设计的关联设计申请。俄罗斯局认为三项设计实质特征有所区别，不相似。

对于该国际注册，如指定中国，三项设计分别属于同一产品的三种使用状态，更适宜按照多种变化状态的产品提交视图，而不是将同一产品的不同变化状态作为相似外观设计提交。如果三项设计作为相似外观设计申请，则需判断设计之间是否足够相似。

二、法条运用及分析

（一）美　国

美国指出单一性问题驳回通知书所依据的法律条款为《美国法典》第35篇第121条。该法条规定了美局对于包含不属于同一个设计构思的多项外观设计申请的处理方式，即"如果一件专利申请包括两项或两项以上独立且不同的发明，局长可以要求将该申请限制在其中一项发明上"。如果其他发明作为分案提出，则分案可以享有母案的申请日。

同时，由于美国的法律是判例法，在解释为什么外观设计不符合单一性要求时，通知书中援引了两个判例：一是In re Rubinfield, 270 F. 2d 391, 123 USPQ 210（CCPA 1959），用于解释同一设计构思的多个实施例只有在无专利性差异时，才可以包含在同一件申请中；二是In re platner, 155 USPQ 222（Comm'r Pat. 1967），用于解释有专利性差异的各实施例不属于同一设计构思，因此不能包含在同一件申请中。

（二）日　本

如果各项设计相似度较低，但是申请人采用了关联设计申请的形式提交申请，日局指出单一性问题驳回通知书所依据的法律条款为其《外观设计法》第10条第1款。

该条款规定了相似外观设计可以以关联设计申请形式提交，即"与外观设计注册申请人从其申请注册的外观设计中或者已注册的外观设计中选择出的一项外观设计（以下称'主要外观设计'）类似的外观设计（以下称'关联外观设计'），尽管有第9条第1款或第2款的规定，在主要外观设计申请提交的当日或之后，且在主要外观设计申请提交日起10年之内，可以取得外观设计注册"。

如果各项设计相似度较高，但申请人没有采用关联设计申请的形式，日局会认为该申请违反了禁止重复授权原则，依据其《外观设计法》第9条第2款发出驳回通知书。该条款规定："对于相同或者类似的外观设计，在同一日提出两项以上的外观设计注册申请的，只能由外观设计注册申请人协商决定的一个外观设计注册申请人获得外观设计注册。如协商不成立，或者不能协商时，任何申请人均不能获得外观设计权。"

（三）韩　国

如果各项设计相似度较低，但是申请人采用了关联设计申请的形式提交申请，韩局指出单一性问题驳回通知书所依据的法律条款为其《外观设计保护法》第35条第（1）款。该条款规定："即使有本法第33条第（1）款各项的规定及本法第46条第（1）款和第（2）款的规定，外观设计权人或者外观设计注册申请人有权就与自己的注册外观设计或者已提交注册申请的外观设计（下称'主要外观设计'）近似的外观设计（下称'关联外观设计'）获得外观设计注册，条件是该关联外观设计必须是自主要外观设计的申请日起三年内提出。"即与外观设计注册申请人从其申请注册外观设计中或者已注册外观设计中的一项外观设计（即主要外观设计）相似的外观设计，可以作为该外观设计的关联设计申请提出。

与日本类似，如果各项设计相似度较高，但申请人没有采用关联设计申请的形式，韩局会认为该申请违反了禁止重复授权原则，依据其《外观设计保护法》第46条第（2）款发出驳回通知书。该条款规定："两个以上的外观设计注册申请人于同日就相同或者近似外观设计提出注册申请的，只有经过全体申请人协商确定的那个申请人才能获得外观设计注册。不愿协商或者协商不成的，所有申请人均不能获得外观设计注册。"

（四）俄罗斯

俄罗斯局指出单一性问题的驳回通知书所依据的法律条款为俄罗斯联邦《民法典》第1377条，通常还会涉及第1352条。

第1377条提出了单一性要求，即一件工业品外观设计专利申请应限于一项设计，或紧密联系从而形成同一个设计构思的一组设计。

第1352条解释了什么是实质特征，即外观设计的实质特征应当决定外观设计审美特点，特别是形状、构造、装饰、色彩组合、线条、轮廓、纹理或材料。由于各设计之间的区别仅在于非实质设计特征是符合单一性的特殊情形，俄罗斯局通常会在通知书中列出该条款。

(五) 越　南

越南局指出单一性问题驳回通知书所依据的法律条款为其《知识产权法》第 101 条第 (1) 款和第 (3) 款。

第 101 条第 (1) 款规定了单一性要求，即："除本条第 (2)、(3)、(4) 款规定的情形外，每件工业产权注册申请只能要求对单一工业产权主体授予一项权利。"

第 101 条第 (3) 款规定了单一性的特殊情形。单一性的特殊情形包括：(1) 属于同一设计构思并通常同时使用的成套产品的外观设计；(2) 一项外观设计及其变型，例如，与该外观设计属于同一设计构思并与该外观设计无明显区别的变型。

三、对于单一性相关问题的指出方式及克服缺陷的方式

1. 美　国

美局驳回通知书中会首先列出申请中包含的实施例，之后通常会根据专利性差异进行分组。通知书不附相关法律条文。

2. 日　本

当日局在驳回通知书中指出关联外观设计与主要外观设计不相似的缺陷时，会同时建议删除对于主要外观设计的指定。在指出申请不符合禁止重复授权原则时，会在"注意书"中给出三种补正方式：一是以关联设计申请的形式提交相似的外观设计，二是仅保留其中一项外观设计，三是陈述认为各项设计不相似的意见。通知书附日本《外观设计法》摘录。

3. 韩　国

当韩局在驳回通知书中指出关联外观设计与主要外观设计不相似的缺陷时，会同时建议分案。在指出申请不符合禁止重复授权原则时，会指出可以通过指定主要外观设计的方式克服缺陷。通知书附相关法律条文。

4. 俄罗斯

俄罗斯局会在驳回通知书中解释驳回依据条款涉及的法条内容，并列出申请中包含的各项设计，并对各项设计进行分组，建议申请人保留其中一组。通知书附涉及的各相关法律条文，不限于驳回依据的条款。

5. 越　南

越南局会指出可以在说明书中写明外观设计属于成套产品的外观设计或外观设计的变型。如果外观设计属于外观设计的变型，还会指出可以通过写明主要外观设计和变型外观设计来克服缺陷。通知书附相关法律条文。

第三节　本章小结

一、主要审查局的审查标准

对于外观设计相似度较低的多项设计，美局、俄罗斯局、越南局通常会就单一性问题发出驳回通知书。对此类申请，日局、韩局通常不允许以关联外观设计申请形式提交，否则会以关联外观设计与主要外观设计不相似为由发出驳回通知书。

对于外观设计相似度较高的多项设计，由于日本、韩国有关联外观设计制度，日局和韩局会要求以关联外观设计申请的形式提交，并指明主要外观设计，写明其他外观设计是主要外观设计的关联外观设计；否则，会认为外观设计不符合禁止重复授权原则。俄罗斯局认为多项设计的区别仅在于非实质特征才可以合案申请，因此对于大量其他局认为相似的外观设计，俄罗斯局认为不够相似，并发出驳回通知书。

对于各项外观设计实际上属于同一产品的一项外观设计不同变化状态的情形，日局、韩局也会视相似度的不同给出不同的审查结论。

越南局要求在说明书中写明外观设计属于成套产品的外观设计或外观设计的变型。如果外观设计属于外观设计的变型，还要求写明主要外观设计和变型外观设计。

二、与我国审查标准对比

虽然美局、日局、韩局、越南局在个案的处理上会有所差异，但其结论通常都存在合理性，属于可以自由裁量的范围；对于相似性的总体判断标准与我国并没有实质性的差异。

由于日本、韩国有关联外观设计制度，因此日局、韩局有基于此的特殊审查标准，关联外观设计可以在主要外观设计的申请日后追加；而我国的相似外观设计制度要求各项设计必须在同一日提交，不可追加。

俄罗斯局对于相似设计要求各项设计的区别仅在于非实质特征，本书所选国际注册中未发现能够满足该条件的案例。

第七章　其他可能导致驳回的情形及审查标准[*]

第一节　产品名称的审查

一、基本情况

在本书抽样的 420 件国际注册中，有 33 件国际注册至少由美日韩三局之一在其驳回通知书中指出产品名称缺陷。其中，有 12 件国际注册由两个局共同指出产品名称缺陷。

如表 7-1-1 所示，美日韩三局发出涉及产品名称缺陷的驳回通知书的数量较平均。美局指出产品名称缺陷的国际注册数量为 14 件，占其所发出驳回通知书的 5.76%；日局指出产品名称缺陷的国际注册数量为 15 件，占其所发出驳回通知书的 10.34%；韩局指出产品名称缺陷的国际注册数量为 16 件，占其所发出驳回通知书的 10.53%。

表 7-1-1　美日韩三局涉及产品名称缺陷的驳回通知书数量

类　型	审查局		
	美局	日局	韩局
涉及产品名称缺陷的通知书数量（件）	14	15	16
涉及产品名称缺陷的通知书占比（%）	5.76	10.34	10.53

主要审查局均会对产品名称进行审查。但是，通过对具体案例的梳理，可以发现主要审查局对于产品名称的审查侧重点并不一致。下文将分情况对产品名称缺陷导致驳回的情形进行说明。

---

[*] 本章仅讨论美日韩三局的审查标准。

二、相关案例及案情分析

(一) 产品名称的一般审查要求

1. 案例 7-1

(1) 案件基本情况

申请号：DM/215232

产品名称：Mop head（拖把头）

国际公布视图如图 7-1-1 所示。

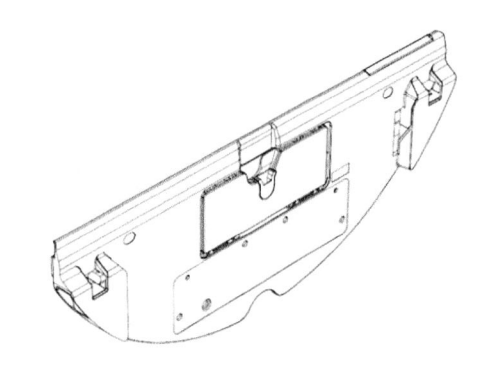

图 7-1-1　DM/215232 申请的国际公布视图

主要审查局有关产品名称的审查结论如表 7-1-2 所示。

表 7-1-2　DM/215232 审查结论汇总

审查局	有关产品名称的审查结论	适用法条
美局	产品名称无缺陷	
日局	从视图无法推断出本产品具有拖把功能，产品名称不规范	日本《外观设计法》第 3 条第 1 款
韩局	从视图来看，本产品属于清洁机器人的部件，产品名称不规范	韩国《外观设计保护法》第 40 条第（2）款；韩国《外观设计保护法实施细则》第 38 条第（2）款

(2) 案情分析

从该国际注册可以看出，日局和韩局会结合视图对产品名称进行审查。若发现产品名称与视图不匹配的情况，或是无法从视图中推断属于产品名称所限定的产品，日局和韩局会以产品名称不规范为由发出驳回通知书。该国际注册中，申请人提交的视图中显示的产品为机械部件。日局认为视图显示内容和拖把头不匹配，而韩局则通过经验推断其属于清洁机器人的零部件，建议申请人将产品名称修改为 "Supporting plate for cleaning pad for robotic vacuum cleaner"（用于机器人真空吸尘器清洁垫的支撑板），相比于原产品名称"Mop head（拖把头）"更加直接、具体和准确。

2. 案例7-2与案例7-3

（1）案件基本情况

申请号：DM/216732

产品名称：Dental restoration placement tray and assembly（牙科修复体安置托盘和装配件）

主要审查局有关产品名称的审查结论如表7-1-3所示。

表7-1-3 DM/216732审查结论汇总

审查局	有关产品名称的审查结论	适用法条
美局	产品名称无缺陷	
日局	产品名称中包含两个并列概念，产品名称不规范	日本《外观设计法》第7条
韩局	产品名称中包含两个并列概念，产品名称不规范	韩国《外观设计保护法》第40条第（1）款

（2）案件基本情况

申请号：DM/214656

产品名称：Machine gun（firearm）[机枪（火器）]

主要审查局有关产品名称的审查结论如表7-1-4所示。

表7-1-4 DM/214656审查结论汇总

审查局	有关产品名称的审查结论	适用法条
美局	产品名称中包含两个并列概念，产品名称不规范	美国《联邦法规》第37篇1.1067；美国《联邦法规》第37篇1.1025；美国《专利审查指南》1503.01；《美国法典》第35篇第16条
日局	产品名称无缺陷	
韩局	产品名称无缺陷	

（3）案情分析

在审查实践中，关于产品名称存在将多个并列的近似概念组合起来表达同一产品的情况，如案例7-2，Tray（托盘）和Assembly（装配件）属于两个并列概念，均可表示申请人提交的产品。对此，日局和韩局认为该国际注册中涉及两种物品，不符合产品名称的规定，均发出驳回通知书，要求申请人修改产品名称；美局则认为该产品名称无缺陷。但是，在案例 7-3 中，申请人将并列的概念放在括号中。对此，日局和韩局可以接受，而美局则要求申请人删除其中一个概念。

3. 案例 7-4 与案例 7-5

（1）案件基本情况

申请号：DM/217398

产品名称：Typeface（字体）

主要审查局有关产品名称的审查结论如表 7-1-5 所示。

表 7-1-5　DM/217398 审查结论汇总

审查局	有关产品名称的审查结论	适用法条
美局	产品名称无缺陷	
日局	不属于保护的客体，未对产品名称进行审查	
韩局	产品名称较上位，应细化为"A set of English typefaces"（一套英文字体）、"A set of number typefaces"（一套数字字体）等	韩国《外观设计保护法》第 40 条第（2）款

（2）案件基本情况

申请号：DM/212212

产品名称：Footwear（鞋类）

主要审查局有关产品名称的审查结论如表 7-1-6 所示。

表 7-1-6　DM/212212 审查结论汇总

审查局	有关产品名称的审查结论	适用法条
美局	产品名称无缺陷	
日局	产品名称较上位，应细化为"Shoe"（鞋子）	日本《外观设计法》第 7 条
韩局	产品名称无缺陷	

（3）案情分析

从以上两个案例可以看出，在审查实践中，日局和韩局均会对产品名称是否具体进行审查，过于上位的产品名称不符合其审查标准。如案例 7-4 的产品名称 Typeface（字体），涵盖范围较广，韩局会要求申请人细化至具体的字体类型，如"A set of English typefaces"（一套英文字体）、"A set of number typefaces"（一套数字字体）等；由于字体不属于日本外观设计保护客体，日局未对产品名称进行审查。对于案例 7-5，日局认为产品名称 Footwear（鞋类）较为上位，相比于 Shoe（鞋子），Footwear（鞋类）指代能往脚上穿的所有东西，涵盖范围较广，因此日局建议申请人将产品名称修改为 Shoe（鞋子）；而韩局则并不认为产品名称 Footwear（鞋类）较为上位。可以看出，日韩两局均对产品名称是否上位进行审查，但是审查标准略有差异。

(二) 局部外观设计的产品名称

案例 7-6

(1) 案件基本情况

申请号：DM/216193

产品名称：Shoe heel（鞋跟）

国际公布视图[1]如图 7-1-2 所示。

图 7-1-2　DM/216193 申请的国际公布视图

主要审查局有关产品名称的审查结论如表 7-1-7 所示。

表 7-1-7　DM/216193 审查结论汇总

审查局	有关产品名称的审查结论	适用法条
美局	产品名称无缺陷	
日局	产品名称需由"Shoe heel"（鞋跟）修改为"Shoe"（鞋）	日本《外观设计法》第 3 条第 1 款
韩局	产品名称需由"Shoe heel"（鞋跟）修改为"Shoe"（鞋）	韩国《外观设计保护法》第 40 条第（2）款；韩国《外观设计保护法实施细则》第 38 条第（2）款

(2) 案情分析

结合视图和产品名称可以看出，该国际注册要求保护的部位是用实线表示的鞋跟，用虚线表示的鞋体不属于要求保护的部位。因此，该国际注册属于局部外观设计。申请人直接以要求保护的局部（鞋跟）命名该局部外观设计，美局接受此种命名方式，

---

[1] 本章国际公布视图仅选择部分代表性视图。

而日韩两局均以产品名称不规范为由发出驳回通知书。

在审查实践中，美局对于局部外观设计的产品名称并无特殊规定；而日局和韩局则要求对于局部外观设计，产品名称也应当以产品整体命名。就该国际注册而言，日局和韩局要求产品名称需由鞋跟（局部外观设计）修改为鞋（整体产品）。

（三）图形用户界面的产品名称

案例 7-7

（1）案件基本情况

申请号：DM/213720

产品名称：Graphical user interface for a computer screen（用于计算机屏幕的图形用户界面）

国际公布视图如图 7-1-3 所示。

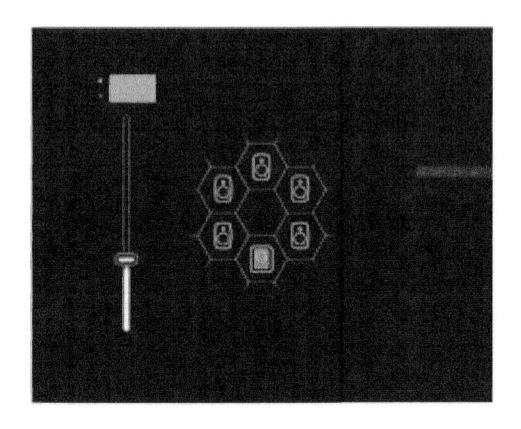

图 7-1-3 DM/213720 申请的国际公布视图

主要审查局有关产品名称的审查结论如表 7-1-8 所示。

表 7-1-8 DM/213720 审查结论汇总

审查局	有关产品名称的审查结论	适用法条
美局	产品名称无缺陷	
日局	产品名称无缺陷	日本《外观设计法》第 3 条第 1 款
韩局	产品名称需由"Graphical user interface for a computer screen"（用于计算机屏幕的图形用户界面）修改为"Computer screen with graphical user interface"（带图形用户界面的计算机屏幕）	韩国《外观设计保护法》第 40 条第（2）款； 韩国《外观设计保护法实施细则》第 38 条第（2）款

（2）案情分析

结合视图和产品名称可以看出，该国际注册要求保护的产品为单纯图形用户界面，申请人直接以图形用户界面命名并说明该图形用户界面的用途，即用于计算机屏幕。美局和日局接受此种命名方式，而韩局以产品名称不规范为由发出驳回通知书。

从该国际注册可知，韩局要求图形用户界面的产品名称应当包含该图形用户界面的应用载体。如"带图形用户界面的计算机屏幕"的产品名称落脚点在于应用载体，而并非图形用户界面本身。

（四）美局关于产品名称的其他审查要求

除上述可能会导致产品名称驳回的情形外，美局对产品名称还有若干特殊审查标准。

1. 产品名称应避免描述设计内容

（1）案例 7-8 基本情况

申请号：DM/210809

产品名称：Sheet of artificial or natural material（人工或天然材料片材）

适用法条：美国《专利审查指南》1503.01

（2）案例 7-9 基本情况

申请号：DM/216844

产品名称：Finger cover paper in rolls for hygienic purpose（用于卫生目的的成卷手指套纸）

适用法条：美国《联邦法规》第 37 篇 1.153（a）；美国《专利审查指南》2920.04（a）（1）

（3）案情分析

美局不接受在产品名称中描述设计内容。案例 7-8 和案例 7-9 中，产品名称中描述产品所使用的材料和用途均属于描述设计内容，美局以此为由发出驳回通知书，要求申请人删除上述内容。

2. 产品名称应准确

（1）案例 7-10[1] 基本情况

申请号：DM/213195

产品名称：Luggage address holder（行李箱地址夹）

（2）案情分析

美局要求产品名称清楚准确。该国际注册中申请人使用的产品名称为"Luggage address holder"（行李箱地址夹），美局认为"address"一词使用不准确，建议申请人将产品名称修改为"Luggage tag holder"（行李标签夹）。

3. 产品名称应为单数形式

（1）案例 7-11 基本情况

---

[1] 本案例产品名称缺陷在通知书中未指出适用法条。

申请号：DM/213303

产品名称：Headphones（头戴式耳机）

适用法条：美国《专利审查指南》1503.01（I）

（2）案情分析

美局要求产品名称需要为单数形式。该国际注册中申请人提交的产品名称为复数形式的"Headphones"（头戴式耳机），美局要求申请人将产品名称修改为单数形式的"Headphone"（头戴式耳机）。

4. 产品名称应和简要说明书、权利要求一致

（1）案例7-12 基本情况

申请号：DM/217939

产品名称：Table（桌子）

简要说明书：The design represents a snack top table; it can be attached as an extra extension to a top of a kitchen block, as shown in reproduction 1.1.（如图1.1所示，该设计代表了一个点心桌，可作为厨房顶部的额外延伸部分。）

权利要求：The ornamental design for snack top table for kitchen as shown and described（如图所示和描述的厨房点心桌装饰设计）

适用法条：美国《专利审查指南》1503.01（I）

（2）案情分析

美局要求产品名称在简要说明书与权利要求中均保持一致。该国际注册中产品名称为"Table"（桌子），而简要说明书和权利要求中产品名称均为"Snack top table"（点心桌），美局以此为由发出驳回通知书，要求申请人进行修改。

第二节 简要说明书的审查

一、基本情况

在本书抽样的420件国际注册中，有65件国际注册至少由美日韩三局之一在其驳回通知书中指出简要说明书缺陷。其中，有6件国际注册由两个局共同指出简要说明书缺陷。

如表7-2-1所示，在上述三个局中，美局指出简要说明书缺陷的国际注册较多，为52件，占其所发驳回通知书的21.40%；日局指出简要说明书缺陷的国际注册数量为10件，占其所发驳回通知书的6.90%；韩局指出简要说明书缺陷的国际注册数量为10件，占其所发驳回通知书的6.58%。

表 7 - 2 - 1　美日韩三局涉及简要说明书缺陷的驳回通知书数量

类　型	审查局		
	美局	日局	韩局
涉及简要说明书缺陷的通知书数量（件）	52	10	10
涉及简要说明书缺陷的通知书占比（％）	21.40	6.90	6.58

主要审查局均会对简要说明书进行审查。但是，通过对具体案例的梳理，可以发现主要审查局对于简要说明书的审查侧重点并不一致，下文将分情况对简要说明书缺陷导致驳回的情形进行说明。

二、相关案例及案情分析

（一）关于局部外观设计的描述

1. 案例 7 - 13

（1）案件基本情况

申请号：DM/215723

产品名称：Hair dryer（吹风机）

简要说明书：The design is a hair dryer; 1.1. is a top front perspective view; 1.2. is a front view; 1.3. is a back view; 1.4. is a left side view; 1.5. is a right side view; 1.6. is a top view; 1.7. is a bottom view; 1.8. is a lower front perspective view; 1.9. is a lower rear perspective view; 1.10. is a top rear perspective view thereof.（本设计为吹风机；1.1. 为前上方立体图；1.2. 为主视图；1.3. 为后视图；1.4. 为左侧视图；1.5. 为右侧视图；1.6. 为俯视图；1.7. 为仰视图；1.8. 为前下方立体图；1.9. 为后下方立体图；1.10. 为后上方立体图。）

国际公布视图如图 7 - 2 - 1 所示。

图 7 - 2 - 1　DM/215723 申请的国际公布视图

（2）主要审查局有关简要说明书的审查结论

主要审查局关于 DM/215723 审查结论如表 7-2-2 所示。

表 7-2-2 DM/215723 审查结论汇总

审查局	有关简要说明书的审查结论	适用法条
美局	视图中包含虚线，简要说明书中并未指出虚线部位是否不要求保护	《美国法典》第 35 篇第 112 条（b）款； 美国《联邦法规》第 37 篇 1.152； 美国《专利审查指南》1503.02（iii）
日局	简要说明书符合要求	
韩局	简要说明书符合要求	

2. 案例 7-14

（1）案件基本情况

申请号：DM/216844❶

产品名称：Finger cover paper in rolls for hygienic purpose（用于卫生目的的成卷手指套纸）

简要说明书：…the paper sheet consists of an indefinite amount of paper sections; the jagged line indicates where each paper section is separated from the paper sheet; the dotted lines indicate that no claim is made to the precise length of the paper sheet.（……纸张由不确定数量的纸张部分组成，锯齿线表示每个纸张部分与纸张分开的位置，虚线表示没有对纸张的精确长度提出要求。）

国际公布视图如图 7-2-2 所示。

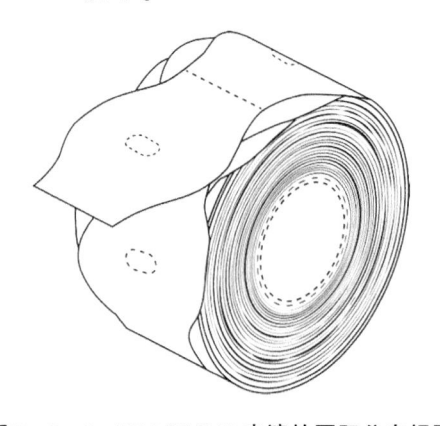

图 7-2-2 DM/216844 申请的国际公布视图

---

❶ 本申请包含四项设计，此处以设计 1 为例。

（2） 主要审查局有关简要说明书的审查结论

主要审查局关于 DM/216844 审查结论如表 7 - 2 - 3 所示。

表 7 - 2 - 3 DM/216844 审查结论汇总

审查局	有关简要说明书的审查结论	适用法条
美局	简要说明书包含功能和结构； 简要说明书中指出纸张不定长导致设计不确定； 简要说明书中并未指出虚线部位是否不要求保护	《美国法典》第 35 篇第 112 条（b）款； 美国《联邦法规》第 37 篇 1.152； 美国《专利审查指南》1503.02（iii）
日局	简要说明书符合要求	
韩局	简要说明书中指出纸张不定长导致设计不确定； 简要说明书中未写明虚线是否要求保护，无法确定虚线部分不要求保护或是属于设计的一部分	韩国《外观设计保护法》第 33 条第（1）款

3. 案例 7 - 15

（1） 案件基本情况

申请号：DM/217094❶

产品名称：Stand for a single watch winder（单个手表上发条器的支架）

简要说明书：The protection is not sought for the exact pattern of the marble…（大理石图案不要求保护……）

国际公布视图如图 7 - 2 - 3 所示。

图 7 - 2 - 3 DM/217094 申请的国际公布视图

---

❶ 本申请包含四项设计，此处以设计 1 为例。

（2）主要审查局有关简要说明书的审查结论

主要审查局关于 DM/217094 审查结论如表 7-2-4 所示。

表 7-2-4　DM/217094 审查结论汇总

审查局	有关简要说明书的审查结论	适用法条
美局	简要说明书符合要求	
日局	无法仅通过简要说明书描述确定不要求保护的部位	日本《外观设计法》第 3 条第 1 款
韩局	简要说明书中指出大理石图案不要求保护，但视图中并未显示出该部分不要求保护	韩国《外观设计保护法》第 33 条第（1）款

4. 案情分析

在案例 7-13 中，申请人提交的视图中吹风机底部电线部分为虚线，简要说明书中并未指出虚线部位是否不要求保护。日韩两局均接受此种局部外观设计提交方式，而美局则要求申请人在简要说明书中指出该部位是否属于不要求保护的部位。在案例 7-14 中，申请人提交的视图中存在多处虚线，简要说明书中仅指明锯齿线表示纸张与纸张分开的位置，并未指出虚线部位是否不要求保护，日局接受此种局部外观设计提交方式，而美韩两局则要求申请人在简要说明书中指出虚线部位是否属于不要求保护的部位。

从案例 7-13 与 7-14 两个案例可以看出，美局要求若视图中包含虚线，必须在简要说明书中指出该部位是否属于不要求保护的部位；日局对此无特殊规定；韩局则视视图情况而定：当虚线明显表示不要求保护的部位时，不要求申请人在简要说明书中作出相应说明；但是当虚线在视图中有可能引起混淆的情况下，则要求申请人在简要说明书中明确保护范围。

在案例 7-15 中，申请人仅在简要说明书中指出大理石图案不要求保护，视图中并未体现出不要求保护的部位。对此，美局接受仅在简要说明书中指出不要求保护的部位，而日局和韩局均要求视图中也应当表达出简要说明书中描述的不要求保护的部位。

（二）关于材质的描述

案例 7-16

（1）案件基本情况

申请号：DM/214574

产品名称：Breathing mask（呼吸面罩）

简要说明书：...the front part covers a user's face completely and is made of a transparent material, or partly transparent material, or a combination of a transparent and partly transparent material... (……前部完全覆盖使用者的脸部，由透明材料或部分透明材料或透明和部分透明材料组合而成……)

国际公布视图如图 7-2-4 所示。

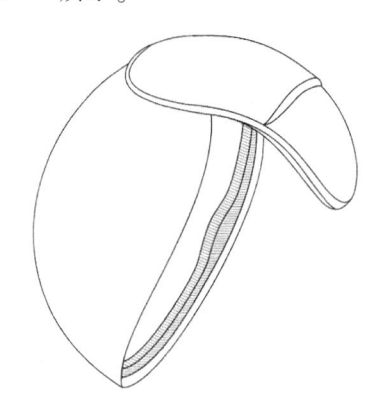

图 7-2-4 DM/214574 申请的国际公布视图

主要审查局有关简要说明书的审查结论如表 7-2-5 所示。

表 7-2-5 DM/214574 审查结论汇总

审查局	有关简要说明书的审查结论	适用法条
美局	简要说明书符合要求	
日局	简要说明书中阐述面罩部分可用透明材料、不透明材料或其结合，产品外观设计无法唯一确定	日本《外观设计法》第 3 条第 1 款
韩局	简要说明书中阐述面罩部分可用透明材料、不透明材料或其结合，与视图不一致	韩国《外观设计保护法》第 33 条第 (1) 款

（2）案情分析

在该国际注册中，申请人提交的视图采用线条图的形式，并在简要说明书中指出产品面罩部分的材料可以使用透明材料、不透明材料或二者结合。针对这种情况，日局认为简要说明书中这种表述方式会导致产品外观设计无法唯一确定；韩局同样发出驳回通知书，认为申请人提交的视图中并未体现出透明材料，简要说明书与视图表达不一致。

(三) 关于色彩的描述

1. 案例 7-17

(1) 案件基本情况

申请号：DM/213024

产品名称：Toothbrush（牙刷）

简要说明书：…the design is protected irrespective of its color. (……无论其颜色如何，该设计都受到保护。)

国际公布视图如图 7-2-5 所示。

图 7-2-5　DM/213024 申请的国际公布视图

(2) 主要审查局有关简要说明书的审查结论

主要审查局关于 DM/213024 的审查结论如表 7-2-6 所示。

表 7-2-6　DM/213024 审查结论汇总

审查局	有关简要说明书的审查结论	适用法条
美局	应删除简要说明书中关于色彩的内容，删除后授权	通知书中未写明适用法条
日局	简要说明书符合要求	
韩局	简要说明书符合要求	

2. 案例 7-18

(1) 案件基本情况

申请号：DM/215288

产品名称：Floor cleaning machine（地板清洁机）

简要说明书：…color protection is disclaimed for the second embodiment. (……第二种实施例不要求保护色彩。)

国际公布视图如图 7-2-6 所示。

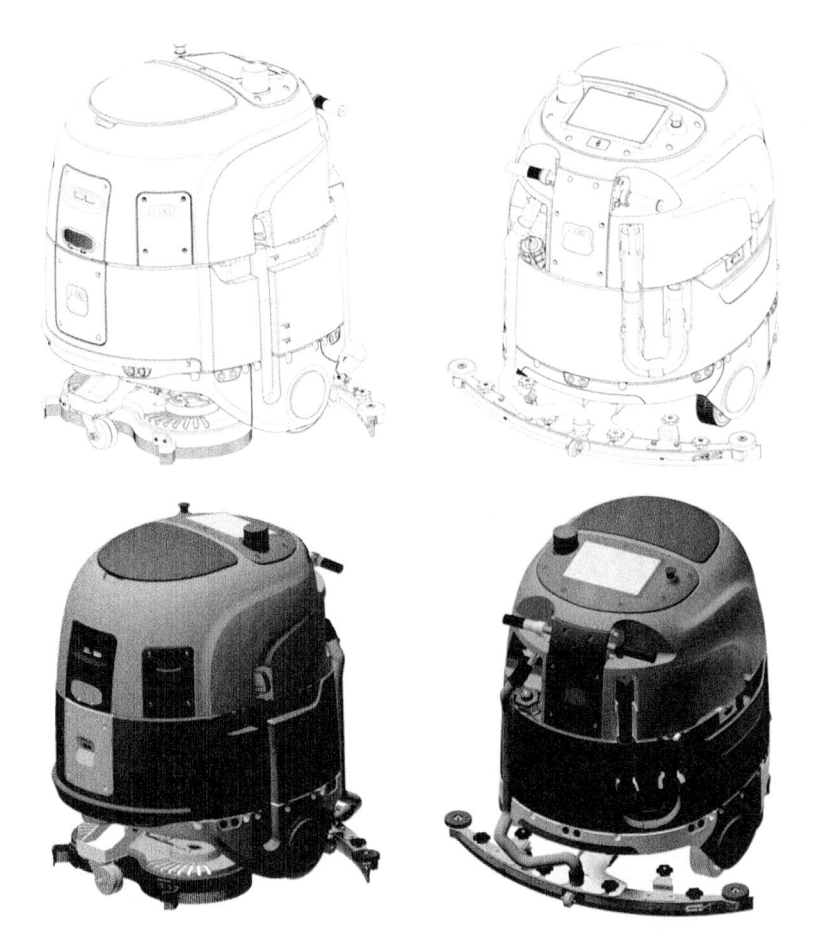

图 7-2-6　DM/215288 申请的国际公布视图

（2）主要审查局有关简要说明书的审查结论

主要审查局关于 DM/215288 审查结论如表 7-2-7 所示。

表 7-2-7　DM/215288 审查结论汇总

审查局	有关简要说明书的审查结论	适用法条
美局	简要说明书符合要求	
日局	设计 1 直接授权，设计 2 简要说明书中对色彩不保护的描述应删除，删除该描述后授权	日本《外观设计法》第 3 条第 1 款
韩局	设计 2 简要说明书中对色彩不保护的描述应删除，删除该描述后授权	韩国《外观设计保护法》第 33 条第（1）款

3. 案例 7-19

（1）案件基本情况

申请号：DM/215865

产品名称：Mascot（吉祥物）

简要说明书：The design shows a mascot; its body contains red and grey colors; it has a red element on the backside for carrying a grey cable; the red backside element contains an "Ü" letter in the center; also, it has four cable elements on the head; they are red, blue, yellow and black. （该设计展示了一个吉祥物；吉祥物的身体由红色和灰色组成；吉祥物的背面有一个红色元素，用于携带一条灰色电缆；红色背面元素的中心有一个"Ü"字母；吉祥物的头部还有四个电缆元素，分别是红色、蓝色、黄色和黑色。）

国际公布视图如图 7-2-7 所示。

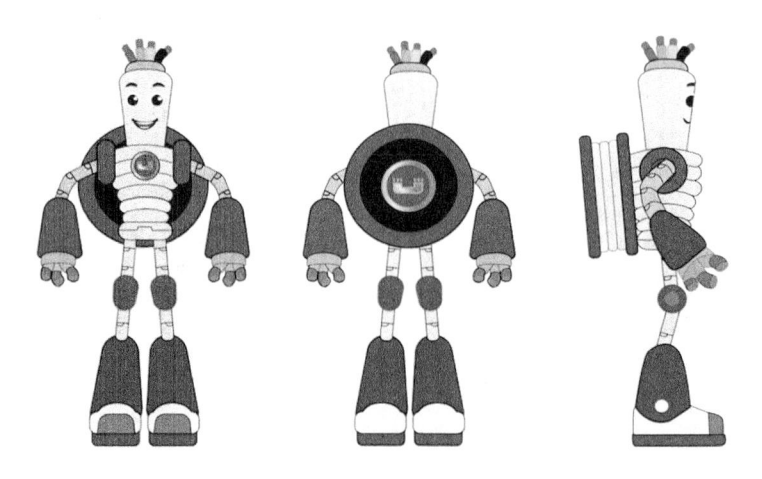

图 7-2-7 DM/215865 申请的国际公布视图

（2）主要审查局有关简要说明书的审查结论

主要审查局关于 DM/215865 审查结论如表 7-2-8 所示。

表 7-2-8 DM/215865 审查结论汇总

审查局	有关简要说明书的审查结论	适用法条
美局	应增加包含彩色视图的说明，删除简要说明书中的无关描述	美国《专利审查指南》1.84（a）（iii） Inre Freeman, 23 App, D. C. 226 （App. DC. 1904）； 海牙体系《共同实施细则》第 7 条第（5）款（a）； 美国《联邦法规》第 37 篇 1.1024； 美国《专利审查指南》2920.04（a）Ⅱ
日局	简要说明书符合要求	
韩局	简要说明书符合要求	

4. 案情分析

从以上三个案例可以看出,美日韩三局对简要说明书中是否对色彩进行描述的要求不同。案例 7-19 中,美局在通知书中指出,若视图为彩色视图,应当在简要说明书中增加包含彩色视图的说明,缴费后将提供彩色附图副本。另外,简要说明书中包含色彩的相关描述应当删除。

日韩两局认为色彩要素属于产品外观设计中不可分割的部分,不能通过简要说明书说明不要求保护,美局对此无特殊要求。在案例 7-18 中,简要说明书中指出不要求保护色彩,日韩两局针对此均发出驳回通知书,要求删除该描述,申请人删除后均予以授权。

(四) 关于产品不定长的描述

案例 7-20

(1) 案件基本情况

申请号:DM/210963

产品名称:Headlight bulb for vehicle(汽车前大灯灯泡)

简要说明书:The jagged lines are only to represent indefinite length and form no part of the claimed design.(锯齿状线条只是表示不确定的长度,并不构成所要求的外观设计的一部分。)

国际公布视图如图 7-2-8 所示。

图 7-2-8　DM/210963 申请的国际公布视图

主要审查局有关简要说明书的审查结论如表 7-2-9 所示。

表 7-2-9　DM/210963 审查结论汇总

审查局	有关简要说明书的审查结论	适用法条
美局	简要说明书中描述锯齿状线条代表不定长度,产品外观设计无法唯一确定	《美国法典》第 35 篇第 112 条(a)和(b)款

续表

审查局	有关简要说明书的审查结论	适用法条
日局	简要说明书符合要求	
韩局	简要说明书中描述锯齿状线条代表不定长度,产品外观设计无法唯一确定	韩国《外观设计保护法》第 33 条第 (1) 款

(2) 案情分析

在该国际注册中,申请人的国际公布视图采用了断裂线画法,并在简要说明书中指出锯齿状线条代表不定长度。针对这种情况,美局和韩局均认为简要说明书中这种表述方式会导致产品外观设计无法唯一确定,而日局则接受申请人的申请。

(五) 主要审查局关于简要说明书的其他审查要求

除上述可能会导致驳回的情形外,美日韩三局还对简要说明书有一些特殊的审查标准。

1. 美国——简要说明书中应避免包含功能和结构

案例 7-21

(1) 案件基本情况

申请号:DM/213918

产品名称:Smart band (智能手环)

简要说明书:…the smart band incorporating the new design is mainly used for exercise recording, health monitoring, timing and mobile communication, etc. (……采用新设计的智能手环主要用于运动记录、健康监测、计时和移动通信等。)

适用法条:美国《专利审查指南》2920.04 (a)

(2) 案情分析

美局不允许申请人在简要说明书中描述产品功能或结构。在该国际注册中,申请人在简要说明书中指出智能手环主要用于运动记录、健康监测、计时和移动通信等,美局会要求申请人删除该类相关语句。

2. 美国——简要说明书撰写应规范

案例 7-22

(1) 案件基本情况

申请号:DM/213739

产品名称:Wristwatch (腕表)

简要说明书:In the images of the dotted lines represent characteristics that do not form part of the design and are not claimed. (在图片中,虚线代表的特征不属于设计的一部分,也不要求保护。)

适用法条:美国《专利审查指南》2920.04 (a)

（2）案情分析

美局对申请人的英文撰写有一定要求。在该国际注册中，美局认为申请人提交的简要说明书撰写不规范，要求申请人将简要说明书修改为如下所示：

"The broken lines showing of a watch is for the purpose of illustrating portions of wrist-watch that form no part of the claimed design."

3. 日本——片材类产品在简要说明书中应当说明尺寸

案例 7-23

（1）案件基本情况

申请号：DM/210809

产品名称：Sheet of artificial or natural material（人工或天然材料片材）

简要说明书：无

国际公布视图如图 7-2-9 所示。

图 7-2-9 DM/210809 申请的国际公布视图

主要审查局有关简要说明书的审查结论如表 7-2-10 所示。

表 7-2-10 DM/210809 审查结论汇总

审查局	有关简要说明书的审查结论	适用法条
美局	简要说明书符合要求	
日局	未在简要说明书中说明尺寸，增加尺寸说明后授权	日本《外观设计法》第 3 条第 1 款
韩局	简要说明书符合要求	

（2）案情分析

从该国际注册可知，日局在对片材类产品的外观设计进行审查时，需要产品的相关尺寸信息辅助视图的理解，美局、韩局对此无特殊要求。

4. 韩国——简要说明书中应包含省略视图的描述

案例 7-24

（1）案件基本情况

申请号：DM/216740

产品名称：Mounting for furniture（家具装配件）

简要说明书：The reflections shown in reproductions 1.1 to 3.5 are disclaimed.（视图 1.1 到 3.5 中的反射光不要求保护。）

国际公布视图如图 7-2-10 所示。

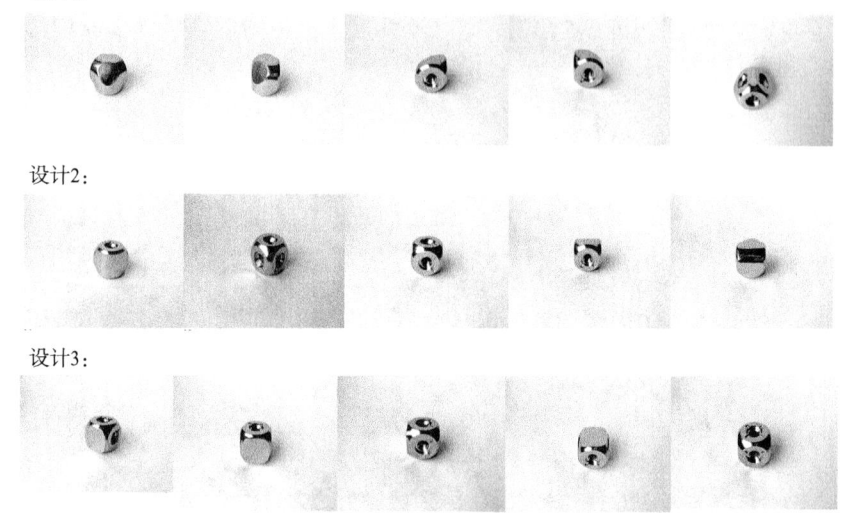

图 7-2-10　DM/216740 申请的国际公布视图

主要审查局有关简要说明书的审查结论如表 7-2-11 所示。

表 7-2-11　DM/216740 审查结论汇总

审查局	有关简要说明书的审查结论	适用法条
美局	简要说明书符合要求	
日局	简要说明书符合要求	
韩局	对设计 1 直接授权，建议增加设计 2、3 关于省略视图的描述	韩国《外观设计保护法》第 33 条第（1）款

（2）案情分析

美日两局对于该国际注册并未指出需要增加省略视图说明的要求，韩局则在指出产品清楚表达缺陷的同时提出需要增加对省略视图的描述。

第三节 视图名称的审查

一、基本情况

在本书抽样的 420 件国际注册中，有 43 件国际注册至少由美日韩三局之一在其驳回通知书中指出视图名称缺陷。其中，有 1 件国际注册由两个局共同指出视图名称缺陷。

如表 7-3-1 所示，在上述三局中，美局发出包含视图名称缺陷的通知书最多，共计 42 件，占其所发出驳回通知书的 17.28%；日局指出视图名称缺陷的国际注册数量为 1 件，占其所发出驳回通知书的 0.69%；韩局指出视图名称缺陷的国际注册为 1 件，占其所发出驳回通知书的 0.66%。

表 7-3-1 美日韩三局涉及视图名称缺陷的驳回通知书数量

类 型	审查局		
	美局	日局	韩局
涉及视图名称缺陷的通知书数量（件）	42	1	1
涉及视图名称缺陷的通知书占比（%）	17.28	0.69	0.66

由于日韩两局指出视图名称缺陷的国际注册均为个案，不具有普遍性，在此仅讨论美局关于视图名称的审查标准。

二、相关案例及案情分析

（一）视图名称说明及要求

1. 案例 7-25

（1）案件基本情况

申请号：DM/210226

产品名称：Inhaler（吸入器）

简要说明书：…Figure 1.1, is a front perspective view of the inhaler; Figure 1.2 is a front view of the inhaler, and back view being identical; Figure 1.3 is a first side view of the inhaler, and the other side view being identical; Figure 1.4 is another perspective view of the inhaler with cap removed; Figure 1.5 is a front view of the inhaler with cap removed; Figure 1.6 is a side view of the inhaler with cap removed; Figure 1.7 is a top view of the inhaler with cap removed; and Figure 1.8 is a bottom view of the inhaler.（……图 1.1 是吸入器的正面

立体图；图1.2是吸入器的主视图，后视图相同；图1.3是吸入器的第一个侧视图，另一个侧视图相同；图1.4是去掉盖子的吸入器的另一个立体图；图1.5是去掉盖子的吸入器的主视图；图1.6是去掉盖子的吸入器的侧视图；图1.7是去掉盖子的吸入器的俯视图；图1.8是吸入器的仰视图。)

视图名称：无

适用法条：海牙体系《共同实施细则》第7条第5款（a）、美国《联邦法规》第37篇1.1067、美国《专利审查指南》2920.04（a）ii。

（2）案情分析

美局要求申请人在申请文件中标注视图名称。在该国际注册中，虽然申请人未标注视图名称，且已在简要说明书中作出相关说明，但美局仍会发出驳回通知书，要求申请人补充视图名称，并删除简要说明书中的对应内容。

2. 案例7-26

（1）案件基本情况

申请号：DM/214366

产品名称：Powder compact（粉盒）

简要说明书：In figure 1.1, the powder compact is shown in the open state, with the lid lifted, and we see the mirror held by the latter. （在图1.1中，粉盒处于打开状态，盖子被掀起，可见盖子上装有镜子。）

视图名称：1.1) Perspective；1.2) Front；1.3) Back；1.4) Right；1.5) Left；1.6) Top；1.7) Bottom；1.8) Perspective in closed state；1.9) Perspective in deployed state；1.10) Detail ［1.1) 立体图；1.2) 主视图；1.3) 后视图；1.4) 右视图；1.5) 左视图；1.6) 俯视图；1.7) 仰视图；1.8) 闭合状态下的立体图；1.9) 展开状态下的立体图；1.10) 细节图］

国际公布视图如图7-3-1所示。

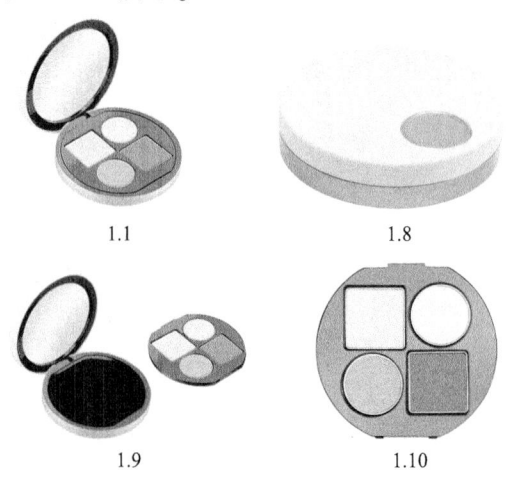

图7-3-1　DM/214366申请的国际公布视图

适用法条：美国《专利审查指南》1503.01（ii）

（2）案情分析

美局对于视图名称的规范程度要求较高，视图名称需严格与视图对应，准确描述出视图状态。当申请人提交多张立体图时，还需要对多张立体图的视图名称进行区分，如左立体图和右立体图、前立体图和后立体图等，而不能统称为立体图。在该国际注册中，美局认为视图 1.1 和视图 1.10 的视图名称较为笼统，同时视图 1.8 和视图 1.9 的视图名称不够规范，因此美局发出了驳回通知书，建议申请人对视图名称修改成如下形式：

1.1：Perspective in an open position（打开状态立体图）

1.8：Perspective in a closed position（闭合状态立体图）

1.9：Exploded perspective（爆炸立体图）

1.10：Enlarged view of the tray portion of the compact, shown removed（盒子托盘部分放大图，其他部分已移除）

（二）参考图

案例 7-27

（1）案件基本情况

申请号：DM/216744

产品名称：Robot vacuum cleaner（扫地机器人）

简要说明书：…reference views 1.8 and 1.9 form no part of the claimed design.（……参考图 1.8 和图 1.9 不要求保护。）

视图名称：1.1）Front；1.2）Back；1.3）Left；1.4）Right；1.5）Top；1.6）Bottom；1.7）Perspective；1.8）Reference view；1.9）Reference view［1.1）主视图；1.2）后视图；1.3）左视图；1.4）右视图；1.5）俯视图；1.6）仰视图；1.7）立体图；1.8）参考图；1.9）参考图］

国际公布视图如图 7-3-2 所示。

1.7

图 7-3-2　DM/216744 申请的国际公布视图

1.8　　　　　　　　　　　　　　1.9

图 7-3-2　DM/216744 申请的国际公布视图（续）

适用法条：美国《联邦法规》第 37 篇 1.1067

（2）案情分析

在美局的审查标准中，参考图作为视图名称没有特殊含义，其审查标准与申请人提交的其他视图的审查标准保持一致。美局也不接受申请人在简要说明书中指出参考图不要求保护。因此，美局会审查参考图与其他视图的投影关系是否对应。当参考图中包含任何其他视图中没有体现的内容时，会被认定成与其他视图不对应，导致该申请的保护范围无法确定。在该国际注册中，申请人提交的其他视图为线条图，参考图 1.8 和图 1.9 为渲染图，申请人在简要说明书中指出上述参考图不要求保护。美局以此为由发出驳回通知书，认为参考图中展示的很多内容如"logo"、"icon"、色彩等在其他视图中未显示，因此美局要求申请人删除参考图 1.8 和图 1.9，并对简要说明书作出相应修改。

（三）省略视图的标注

案例 7-28

（1）案件基本情况

申请号：DM/212173

产品名称：Headphone cushion cover（耳机垫套）

简要说明书：The left view is omitted because it is a mirror image of the right view; the top view is omitted because it is a mirror image of the bottom view.（省略左视图是因为它是右视图的镜像，省略俯视图是因为它是仰视图的镜像。）

视图名称：1.1) Front; 1.2) Back; 1.3) Right; 1.4) Bottom; 1.5) Perspective [1.1) 主视图; 1.2) 后视图; 1.3) 右视图; 1.4) 仰视图; 1.5) 立体图]

国际公布视图如图 7-3-3 所示。

1.1　　　　1.2　　　　1.3　　　　1.4　　　　　1.5

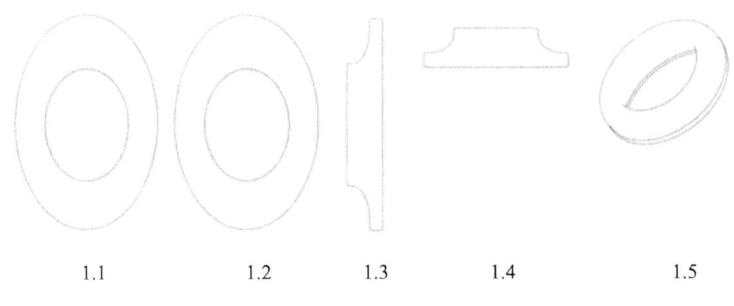

图 7 - 3 - 3　DM/212173 申请的国际公布视图

适用法条：海牙体系《共同实施细则》第 7 条第 5 款（a）、美国《联邦法规》第 37 篇 1.1024、美国《专利审查指南》2920.04（a）ii

（2）案情分析

美局认为，将省略视图的描述放在视图名称中会比放在简要说明书中更加清晰。在该国际注册中，申请人在简要说明书中说明左视图与右视图镜像对称，俯视图与仰视图镜像对称，因此省略左视图与俯视图。而美局建议申请人将图 1.3 和图 1.4 的视图名称修改如下：

1.3：Right，the Left being a mirror image thereof（1.3：右视图，左视图是其镜像）

1.4：Bottom，the Top being a mirror image thereof（1.4：仰视图，俯视图是其镜像）

同时相应地，申请人应当将省略视图的描述从简要说明书中删除。

第四节　权利要求书的审查

一、基本情况

权利要求书属于美局在缔约方声明中要求的必备文件，日局、韩局并未对此提出要求，因此，本书仅对美局的权利要求书审查情况进行说明。在本书抽样的 420 件国际注册中，美局指出权利要求书缺陷的国际注册数量为 53 件，占其所发出驳回通知书的 21.81%。下文将分情况对权利要求书缺陷导致驳回的情形进行说明。

二、相关案例及案情分析

（一）包含用于其他缔约方的权利要求

案例 7 - 29

（1）案件基本情况

申请号：DM/216835

产品名称：Mobile phone（手机）

权利要求：US：The ornamental design for a mobile phone as shown and described.（美国：如图所示和描述的手机的装饰设计。）/ VN：Application for overall protection for industrial design（s）as shown and described.（越南：如图所示和描述的外观设计整体保护的申请。）

适用法条：美国《联邦法规》第 37 篇 1.1025

（2）案情分析

美国与越南是目前仅有的两个在缔约方声明中将权利要求作为国际注册申请附加必要内容的缔约方，因此当申请人同时指定美国和越南时，需要分别向两个缔约方提交权利要求。针对这种情况，美局认为这样包含两项权利要求，会要求申请人删除对越南的权利要求。在该国际注册中，美局要求删除"Application for overall protection for industrial design（s）as shown and described"这句话。上述情况也是绝大部分美局针对权利要求作出驳回通知书中所包含的缺陷。

（二）未严格按照格式撰写权利要求

案例 7-30 与案例 7-31

（1）案例 7-30 基本情况

申请号：DM/214210

产品名称：Handbag（手提包）

权利要求：US：The ornamental design for Handbag as shown and described.（美国：如图所示和描述的手提包的装饰设计。）

适用法条：美国《联邦法规》第 37 篇 1.153

（2）案例 7-31 基本情况

申请号：DM/210377

产品名称：Earrings（耳环）

权利要求：US：The ornamental design for Earrings as shown and described.（美国：如图所示和描述的耳环的装饰设计。）

适用法条：美国《联邦法规》第 37 篇 1.153 或 1.1025

（3）案情分析

美局对于权利要求书的格式要求非常严格，一般来说需要严格按照"The ornamental design for a/an（title）as shown/as shown and described"的格式进行撰写。其中 title 部分替换为该国际注册的产品名称。案例 7-30 中，申请人提交的权利要求中产品名称前面缺少不定冠词，美局以此为由发出驳回通知书让申请人将权利要求修改为"The ornamental design for a handbag as shown and described"。案例 7-31 中，如上文有关产品名称的审查章节所述，美局要求外观设计的产品名称为单数形式，权利要求同理。因此，美局在驳回通知书中要求申请人将权利要求修改成"The ornamental design for a pair of earrings as shown and described"。

第五节　优先权的审查

一、基本情况

在本书抽样的 420 件国际注册中，有 201 件国际注册在提交时要求了优先权，占比约为 47.9%。而对上述国际注册进行审查时，仅美日两局在 24 件驳回通知书中指出了优先权缺陷，约占总数的 5.7%，其中美局发出 18 件，日局发出 6 件，主要缺陷类型包括未提交优先权证明文件、优先权证明文件与国际注册中的外观设计色彩不一致等。具体参见表 7-5-1，下文中将分情况对优先权缺陷导致驳回的情形进行说明。

表 7-5-1　美日两局涉及优先权问题的主要理由　　　　　　　　单位：件

审查局	优先权缺陷通知书总量	未提交优先权证明文件	优先权证明文件与本申请外观设计色彩不一致
美局	18	16	0
日局	6	4	2

二、相关案例及案情分析[1]

（一）未提交优先权证明文件

案例 7-32

（1）案件基本情况
申请号：DM/214000
优先权信息：2020501860；RU
产品名称：Advertisement screen with a backpack case（带背包的广告屏）
国际公布视图如图 7-5-1 所示。

---

[1] 因韩局未在驳回通知书中指出优先权相关缺陷，故本节仅讨论美日两局审查标准。

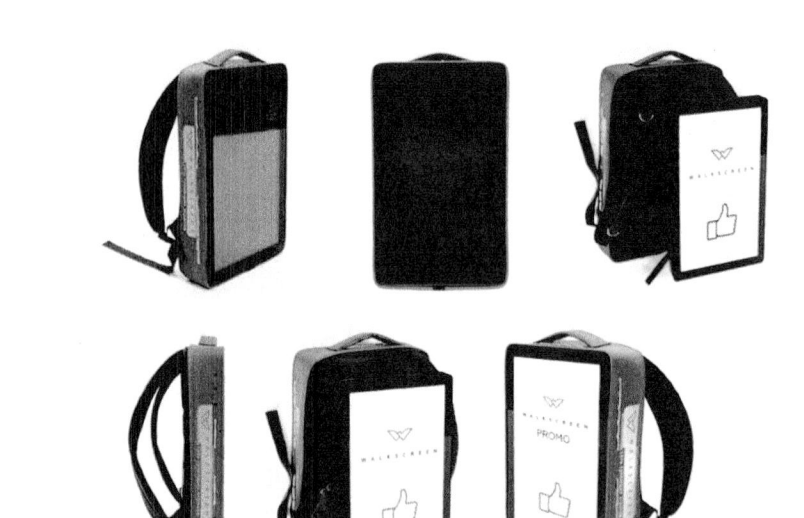

图 7-5-1 DM/214000 申请的国际公布视图

在先申请视图如图 7-5-2 所示。

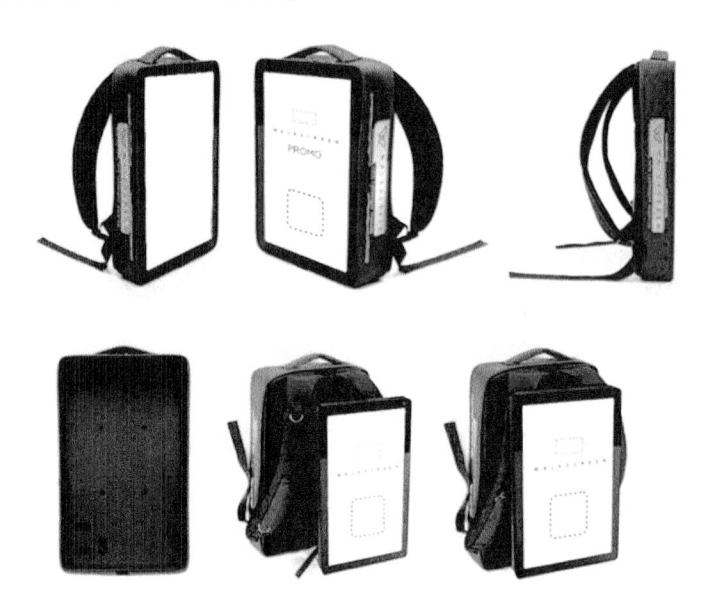

图 7-5-2 DM/214000 申请的在先申请视图

主要审查局有关优先权的审查结论如表 7-5-2 所示。

表 7-5-2 DM/214000 审查结论汇总

审查局	有关优先权的审查结论	适用法条
美局	未提交优先权证明文件	美国《联邦法规》第 37 篇 1.55

续表

审查局	有关优先权的审查结论	适用法条
日局	未提交优先权证明文件	日本《外观设计法》第15条
韩局	驳回通知书中指出了新颖性问题,未指出优先权缺陷,引用的网络证据日期晚于优先权日期	

（2）案情分析

美日韩三局均对该国际注册发出驳回通知书，其中美日两局在驳回通知书中均明确指出该国际注册未提交优先权证明文件。日局在通知书中仅指出上述缺陷；韩局则在通知书中仅指出了新颖性及清楚表达方面的缺陷，并未在通知书中提及优先权相关问题，但从引入的网络证据公布日期（2020年7月2日）晚于在先申请的申请日（2020年4月23日）来看，韩局并未承认其优先权在韩国的效力；美局在指出未提交优先权证明文件的缺陷的同时，将其余缺陷（例如新颖性问题）一并指出。在后续的审查过程中，申请人可以通过在规定期限内向美局直接提交优先权证明文件的方式克服此缺陷。

（二）优先权证明文件与国际注册中的外观设计色彩不一致

案例 7-33

（1）案件基本情况

申请号：DM/214311

优先权信息：008146104-0001；EM；DAS；7S0K

产品名称：Disinfectant bracelet（消毒剂手镯）

国际公布视图如图 7-5-3 所示。

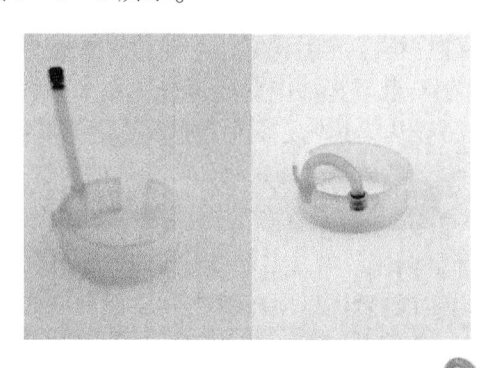

图 7-5-3 DM/214311 申请的国际公布视图

在先申请视图如图 7-5-4 所示。

图 7-5-4 DM/214311 申请的在先申请视图

主要审查局有关优先权的审查结论如表 7-5-3 所示。

表 7-5-3 DM/214311 审查结论汇总

审查局	有关优先权的审查结论	适用法条
美局	缺少优先权证明文件	美国《联邦法规》第 37 篇 1.55
日局	优先权因在先申请与该国际注册外观设计的色彩不一致而不成立	驳回通知书中仅指出该条缺陷，未写明适用法条
韩局	优先权成立	

（2）案情分析

美局在驳回通知书中指出，申请人未提交优先权证明文件，此外优先权文件中不包含国际公布中的部分视图表示的内容，因而导致其优先权不成立。日局指出该国际注册外观设计的色彩与在先申请文件不一致，具体情况为该国际注册外观设计向上延伸的管状部分为粉色，而在先申请文件中对应部分为绿色，因此优先权不成立。韩局在驳回通知书中仅指出清楚表达等其他方面存在的问题，未指出优先权相关问题。

通过以上案例可以看出，美局在对优先权证明文件的内容进行审查时，对于该国际注册与在先申请中外观设计的色彩是否存在区别没有特殊要求。在日局发出的所有指出优先权缺陷的驳回通知书中，缺陷类型为色彩不一致的通知书有 2 件，占比为 1/3，可见日局在审查优先权是否成立时，会重点比较该国际注册与在先申请中外观设计的构成要素（形状、图案、色彩）之间的区别。若该国际注册外观设计的形状、图案、色彩或者它们的结合与优先权证明文件中的外观设计存在较大差异，则日局认定该优先权主张不成立，在指出该缺陷时通常不会同时写明所适用法条。

第八章 总结与建议

第一节 主要审查局授权标准总结

总体而言,海牙体系各主要审查局的审查制度、审查标准各具特点,在审查实践中各主要审查局对于不同缺陷类型的关注度也有所不同。日局与韩局的审查标准较为接近,更注重新颖性审查并且检索水平也较高;美局则对外观设计清楚表达的要求更高,同时对申请文件中形式方面的规范,例如权利要求是否严格按照格式撰写等,有较高要求。

一、有关外观设计保护客体的审查标准

尽管各国相关法律关于外观设计的定义本身较为相近,但当涉及具体的外观设计是否属于外观设计保护客体时则会出现不同的情况。对于国际外观设计分类第32类的图形符号、标识、表面图案、纹饰类外观设计,大多数审查局认为不属于外观设计保护客体;对于字体、吉祥物、室内装潢、建筑设计等外观设计,各主要审查局则作出了不同解释和运用。总体来说,美国对于外观设计保护类型的定义较为宽泛,标准相对宽松。日本尽管近年来法律修改方向显示出其保护客体范围呈扩大趋势,但标准仍然相对严格。

我国关于客体的审查标准较为严格,图案设计、字体设计均不在我国外观设计专利保护客体范畴内,局部设计、建筑设计、室内设计均需要满足一定的条件才属于我国外观设计专利保护客体。

二、有关外观设计清楚表达的审查标准

美局对于外观设计细节部分的表达、各视图细部的投影关系以及线条的质量均有较高的要求。申请人可以通过修改视图来弥补缺陷,但考虑到修改超范围的可能性,美局一般都建议申请人将未清楚表达的部分改为虚线,即改为不要求保护的部分,美局认为此种修改不超范围。韩局要求外观设计的各个面均应在视图中清楚表达,除非申请人说明未表达的面为使用时不常见的面。申请人可以通过修改视图来弥补缺陷,一般情况下对于增加相应的视图韩局认为不超范围。日局对于视图数量、外观设计细

节部分的表达以及各视图细部的投影关系均没有严格要求，仅会针对明显投影关系不对应、设计要求保护的区域明显表达不明确或者立体产品仅提交了一幅视图等缺陷发出驳回通知书。

我国关于外观设计清楚表达的审查标准较为严格：对于立体产品，我国有最少特定视图的要求，即在清楚表达的前提下至少提交设计要点涉及面的正投影视图和立体图；对于细部结构表达和细部投影关系不对应的情况，在我国的审查实践中会结合其在整体中所占比例、是否影响整体表达、是否能依据常理判断或是否为常见面综合考虑来决定是否符合清楚表达的要求；对于视图的修改，我国在审查实践中会进行较为严格的修改超范围审查，即对申请人可以修改视图的范围有明确的限制。

三、有关新颖性的审查标准

由于各主要审查局同时驳回且使用同一证据的样本极少，故难以充分衡量各主要审查局新颖性判断标准的差异。

整体来看，日局、韩局针对新颖性问题发出驳回通知书的比例较高，美局针对新颖性问题发出驳回通知书的比例较低，网络证据构成了各主要审查局新颖性证据的主要来源。各主要审查局对证据的运用均较为谨慎，所用的网络证据大多为其相关申请涉及外观设计的在先公开或同品牌迭代产品，所用的外观设计公报证据较多为同一设计在其他国家的在先申请。在证据的引用上，日局主要采用单篇对比的方式，对单篇证据的相似度要求更高；美局主要采用单篇对比的方式，同时也会引用多篇证据说明某一设计相对于现有设计的改变对本领域技术人员来说是显而易见的；韩局除采用单篇对比的方式外，还常用组合对比的方式，也会引用多篇证据说明某一设计相对于现有设计的改变对本领域技术人员来说是显而易见的，由此可见韩局对创新度有较高要求。各主要审查局对网络证据的公开程度普遍要求较低：对于立体产品而言，通常仅要求公开主要设计面即可。对于网络证据公开造成的新颖性缺陷，在美局、韩局、加拿大局的驳回通知书中均可以看到如何克服缺陷的相关提示，即如果申请人能够提供有效的新颖性宽限期证明文件，则可以克服新颖性缺陷获得授权。

从判断主体和新颖性审查的判断标准来说，尽管美日韩关于新颖性判断的主体是所属领域普通技术人员，我国关于新颖性判断的主体是一般消费者，但从本书案例及我国审查实践来看，我局在判断尺度上与其他局没有明显差异。从引用网络证据的要求来说，我国在审查实践中对网络证据的公开充分性要求明显高于其他局；此外，对于网络证据公开造成的新颖性缺陷，根据美国、韩国、加拿大关于不丧失新颖性宽限期的相关法律规定，在审查过程中申请人可以通过提供有效的新颖性宽限期证明文件的方式克服缺陷，而我国则没有类似的救济途径。

四、有关单一性的审查标准

各主要审查局在外观设计单一性方面的审查制度差异较大。根据美国相关法律规定,只有一项独立、明确的外观设计可以在一个申请中提出权利要求。如果国际注册中包含一项以上的设计,美局会审查其是否为单一外观设计的不同实施例。根据日本、韩国相关法律规定,对于外观设计相似度较高的多项设计,应当以关联外观设计申请的形式提交,并指明主要外观设计,写明其他外观设计是主要外观设计的关联外观设计;否则,日韩两局会认为外观设计不符合禁止重复授权原则。根据越南相关法律规定,外观设计属于成套产品的外观设计或外观设计的变型要在说明书中写明,如果属于外观设计的变型,还要求写明主要外观设计和变型外观设计。而我国相关法律规定,一件外观设计专利申请应当限于一项外观设计。同一产品两项以上的相似外观设计,或者属于同一类别并且成套出售或者使用的产品的两项以上的外观设计,可以作为一件申请提出。由此可见,成套产品和相似设计作为例外可以在我国作为一件申请提出。

在多项设计(不同实施例)相似程度的判断上,各主要审查局的审查标准差异也较大。俄罗斯局、美局因不符合单一性要求而发出的驳回通知书较多,对于多项设计(不同实施例)相似程度的要求比较高,区别仅在于非实质特征才可以合案申请;加拿大局对于多项设计相似程度的要求比较宽松,外形差别较大或局部与整体合案都可以接受。我国的审查实践在判断相似外观设计时,会将其他设计与基本设计单独进行对比,如果其他设计和基本设计具有相同或者相似的设计特征,并且二者之间的区别点在于局部细微变化、该类产品的惯常设计、设计单元重复排列、局部外观设计在整体中位置和/或比例关系的常规变化或者仅色彩要素的变化等情形,则通常认为二者属于相似的外观设计。

第二节 对我国创新主体向外申请的建议

一、申请途径的选择

(一) 选择申请途径的要素

创新主体可以通过《海牙协定》或者《巴黎公约》寻求在多个成员间的外观设计保护。创新主体在选择申请途径时,需要从保护的成本以及预期的效果两个方面权衡。

从保护的成本来看,在请求保护同一类别的外观设计数量较多的情况下,可以优先考虑通过《海牙协定》途径寻求外观设计保护。对于一件申请中包含一项以上外观设计的,还应当考虑被指定缔约方是否作出了单一性声明。如果指定了要求单一性的缔约方,就要做好答复驳回通知书的时间和经济成本的预算。此外,尽管通过海牙体系提交申请可以节约翻译费用和在各个缔约方委托当地代理提交申请的费用,但还要考虑一次授权的可能性。如果没有把握一次授权,那么所付出的代理费用和时间成本可能较通过《巴黎公约》途径提交申请更高。

从预期的效果来看，如果创新主体对外观设计的公开时机有诉求，则应当尽量选择通过《海牙协定》途径提交申请，以便精准控制外观设计的公开时间。在选择路径时，还要考虑通过两种不同途径获权的难易程度是否相同。由于国际局负责国际申请的形式审查，部分缔约方针对国际注册放宽了形式审查要求，因此通过《海牙协定》途径提交外观设计申请并获得保护的难度可能会低于通过《巴黎公约》途径直接向这些成员提交外观设计申请的难度。

（二）不同申请途径的利弊分析

海牙体系与《巴黎公约》相比，在申请程序、成本费用和管理方式等方面存在明显区别，各有利弊。《海牙协定》是一个程序性的国际条约，如果创新主体希望在有实质性审查要求的缔约方寻求外观设计保护，需要尽量保证一次性授权，如此才能最大限度享有该体系带来的优势。如果寻求保护的缔约方多是注册制的成员，创新主体选择《海牙协定》途径无疑会在程序、费用和后续管理方面获得更大的优势。

二、《海牙协定》途径申请文件的准备

（一）申请表（DM/1）

申请表（DM/1）是在海牙体系下提交外观设计国际申请的申请表。申请表（DM/1）的主要项目包括：申请人的名称、地址以及电子邮件地址；申请人符合成为国际注册的注册人条件的缔约方；构成工业品外观设计的产品或者将使用工业品外观设计的产品（最好以《国际外观设计分类表》中列举的产品名称标明）；国际申请中所包括工业品外观设计的项数（不得超过100项）；附于国际申请中工业品外观设计复制件或者样本的件数；被指定的缔约方；缴纳的费用数额和付款方式、付款方；关于申请人和设计人特别要求的相关陈述、文件、宣誓或者声明；代理人名称、地址以及电子邮件地址；要求在先申请的优先权声明（包含受理在先申请主管局的名称、申请日、申请号等）；展会优先权的相关声明以及指明举行展览的地点和产品在该展览上第一次展出的日期等；延迟公布的请求；使用工业品外观设计的产品所属的国际分类（同一大类）等。

申请表（DM/1）有5个附件。附件Ⅰ是"设计人的宣誓或者声明"，是指定美国的国际申请的必要内容。附件Ⅱ是"关于缺乏新颖性例外的证明文件"，属于非强制性内容，仅适用于指定中国、日本或者韩国的国际申请。附件Ⅲ是指定美国时可以提交的"获得保护资格具有实质意义的信息"，属于非强制性内容。附件Ⅳ是"美国单独指定费的减费"，该附件允许申请人提供微型实体认证书以支持其声称的微型实体地位，以便其在指定美国时享受单独指定费的减费，属于非强制性内容。附件Ⅴ是指定中国、日本或者韩国时提交的"关于优先权要求的证明文件"，属于非强制性内容，申请人不能单独提交该附件给国际局。

(二) 外观设计复制件

申请人在提交国际申请时，应当提交寻求保护工业品外观设计的复制件，即外观设计视图。复制件的形式应为该工业品外观设计的照片或者其他图样，或者是构成工业品外观设计的产品的照片或者其他图样。

申请人在提交复制件时不仅应当满足国际局对于工业品外观设计复制件的要求，而且应当尽量符合指定缔约方对于复制件的要求。值得注意的是，尽管国际申请所附的工业品外观设计复制件在满足相关规定后获得了国际注册，但该国际申请指定的缔约方仍然可能以复制件缺陷发出驳回通知书。

(三) 指定某些缔约方的必备文件

1. 简要说明书

原则上，简要说明书是任何国际申请中可以包含的一项可选内容。在指定某些缔约方如中国、罗马尼亚、叙利亚和越南时，申请人要提交规定的简要说明书，否则国际申请将被视为不规范，且可能导致国际注册的延迟。简要说明书只能对复制件的特征加以说明，不得披露操作工业品外观设计或者其可能应用的技术特征；简要说明书也可以指明对工业品外观设计的某些特征放弃保护。

2. 权利要求书

如果指定美国或者越南，则国际申请中必须包括权利要求书。通常情况下，权利要求书必须严格按照缔约方的具体要求措辞，否则将被要求对文字进行修改。

3. 设计人的宣誓或者声明

美国根据《共同实施细则》第 8 条 (1) 款 (a) 项 (ii) 目作出声明，要求指定美国的国际申请必须提供设计人宣誓或者声明。

(四) 可选择提交的文件

1. 优先权证明文件

申请人可依据《巴黎公约》第 4 条的规定，要求其国际申请享有在先申请的优先权。在先申请的申请日应在国际申请日之前的 6 个月内。优先权要求可以针对一件在先申请，也可以针对多件在先申请。

如果申请人要求享有在先申请的优先权，则应当提交在先申请的主管局名称或者提交申请的国家、在先申请的编号（如果有）和在先申请的日期（按日、月、年的顺序）。国际局不审查优先权文件，优先权文件不需要与国际申请一起提交，国际局也不接受随后向其提交的优先权文件。除使用附件 V（或者 eHague 电子申请系统中的相应部分）提交的用于指定中国、日本或者韩国的优先权文件外，其他提交给国际局的优先权文件将被清理。

但是，上述规定并不排除被指定缔约方主管局要求注册人直接向其提供优先权文件。例如，如果主管局发现在优先权要求所涵盖的期间有影响新颖性的对比设计被公开，认为优先权文件对于确定国际申请是否具有新颖性为必要，可以在发出驳回通知书时提出相关要求。

尽管有上述一般性原则，但如果申请人要求享有在先申请的优先权，一些缔约方根据其国内法，可以要求申请人必须向其主管局提供优先权文件，以支持其优先权要求。

2. 宽限期证明文件

申请人可依据被指定缔约方对于新颖性宽限期的不同规定，要求享有申请日之前 6 个月或者 12 个月不丧失新颖性的宽限期。

要求不丧失新颖性的宽限期的申请人，应该根据被指定缔约方的具体要求提供相关请求及证明文件。在海牙体系的主要审查局中，我局、日局和韩局都要求申请人在申请日提交声明并通过 DM/1 表的附件 II 提交证明文件，或者在外观设计国际公布之日起 30 天（日本、韩国）或两个月内（中国）直接向被指定缔约方主管局提交证明文件。指定韩国的国际注册，也可以在最终授权或者驳回之前提供相关证明文件。此外，根据韩国最新修改的法律规定，不丧失新颖性宽限期的证明文件还可以在无效和诉讼程序中提交。指定美国的国际注册，可以在该国际注册被授权或者驳回之前提供相关证明文件。

三、《海牙协定》途径申请策略

（一）合案申请的技巧

海牙体系的优势之一是允许同一大类不超过 100 项外观设计合案申请。一件外观设计国际注册申请中包含的设计数量越多，整体费用越节约。

申请人在提交申请时，需要特别注意，如果同时指定了作出单一性声明的缔约方，需要在合案申请和分别提交申请之间作出选择。决策首先需要考虑的主要因素是经济成本，即两种方式所需要的费用；其次要考虑管理成本，是否需要委托当地代理以及授权后是否便于管理。此外，还需要考虑获得权利的难易程度以及期望获权的时间。当一件国际注册申请中包含足够多数量的外观设计时，即使某个缔约方因单一性发出驳回通知，答复驳回通知书以及提交分案的成本也有可能低于分别提交申请，但有可能因此而延迟获得外观设计保护权利的时间。因此，申请人需要根据实际情况全面衡量，才能选出最优的申请方案。

（二）公布时机的选择

在提交国际申请时，申请人可以从三个关于公布时间的选项中进行选择：（1）国际注册日后 12 个月公布（即标准公布）；（2）国际注册登记后立即公布；（3）选定时间公布（以月为单位，自申请日起算并指明公布时间）。关于"选定时间"的公布，申请人可以提出早于 12 个月标准公布的时间,也可以请求将公布时间延迟至标准公布期之后,原则上可以请求延迟的期限最多为 30 个月,具体的最长延迟期限则取决于国际注册中的指定缔约方。

值得注意的是,海牙体系的各缔约方对于公布时间的要求是不同的。在主要审查局缔约方中,中国、日本和韩国允许延迟公布,但美国、俄罗斯等国家不允许延迟公布。如果申请人同时指定了中国和美国,则只能选择立即公布或者标准公布。对于公开时机有特殊要求的申请人,需要合理选择申请路径和申请时机。

如果申请人在提交申请时还没有决定何时公布其外观设计,可以尽量选择最长期限的"选定时间"公布。在期限届满前,申请人可以随时提出提前公开其外观设计的请求,以配合产品上市等公开时机的需求。

第三节 完善我国外观设计制度的建议

一、完善合案申请制度的建议

(一) 现有相似外观设计合案申请制度存在的弊端

我国《专利法》第 31 条第 2 款规定:一件外观设计专利申请应当限于一项外观设计。同一产品两项以上的相似外观设计,或者用于同一类别并且成套出售或者使用的产品的两项以上外观设计,可以作为一件申请提出。

我国《专利法实施细则》第 40 条第 1 款规定:依照《专利法》第 31 条第 2 款规定,将同一产品的多项相似外观设计作为一件申请提出的,对该产品的其他设计应当与简要说明中指定的基本设计相似。一件外观设计专利申请中的相似外观设计不得超过 10 项。

相似外观设计合案申请制度,是第三次《专利法》修改时引入的,旨在满足同一申请人针对相似外观设计分别提交申请避免构成重复授权的保护需求。该制度实施以来,在一定程度上解决了申请人两难的境地,使得一部分外观设计领域的创新得到了有效保护,但是其局限性也越来越明显。

1. 先后进行相似外观设计创作无法得到保护

由于外观设计的特殊性,创新主体在研发外观设计产品时,可能将体现产品内在灵魂的"设计 DNA"延续下去,这就导致一个问题,即同一创新主体先后完成的相似外观设计得不到保护。曾经出现过某知名企业自主研发设计的某款冰箱,可以通过该企业自身在先公开两款冰箱的部件组合后作细微变化得到,导致该款冰箱不符合我国《专利法》第 23 条第 2 款的规定。对于此类问题,创新主体也存在很多困惑。在产品更新迭代的过程中,不可避免地会重现某些代表品牌 DNA 的设计元素。由于相似外观设计仅允许在申请日同时提交,因此这些设计丧失了得到保护的机会。在第四次《专利法》修改引入局部外观设计保护后,这种困境愈发凸显。

2. 超出 10 项的相似外观设计无法合案申请

根据我国《专利法实施细则》第 40 条中的规定,一件外观设计专利申请中的相似外观设计不得超过 10 项。将相似外观设计合案申请的设计数量上限设为 10 项主要是为了平衡保护需求和行政成本之间的关系,避免在单一费用体系下,合案数量过多而产生成本问题。但是,10 项的上限一刀切地限制了创新主体的申请方式,比如较为常见的带有十二生肖的设计,难以作为一件相似外观设计申请合案,而分为两件申请又会产生重复授权问题。

(二) 合案申请制度下现有收费模式的弊端

设立专利费用的一个重要目的在于通过经济杠杆促使专利权人适时放弃专利权。一般情况下,如果没有了保护需求,则申请人考虑到费用成本会适时放弃专利权,使设计进入公有领域;但对于相似外观设计或成套产品的外观设计的合案申请,只要其中一项设计有保护价值,那么所有的设计都将被继续保护,使其他原本应该进入公有领域的设计还受到保护,压缩进一步创新的空间。

对于包含多项设计的外观设计专利申请的初步审查、授权后的评价报告和无效宣告审查,我国审查实践中付出的行政成本与实际收费明显不相符。虽然相似外观设计用 10 项作为限制试图加以平衡,但是显然既无法充分发挥制度的优越性,也无法充分平衡行政成本与实际收费。

(三) 相关法律法规的修改建议

解决上述问题的最佳方案是允许相似外观设计以关联外观设计的形式在一段时间内分别提交,同时严格成套产品的外观设计审查并改进收费方式。

因此,建议对于相似的外观设计,不再要求以现行相似外观设计制度合案申请,代以关联外观设计分别独立申请的方式提交并收费。此外,允许申请人在提交基本外观设计申请后的 5~10 年内,将后续提交的相似设计与基本设计相关联。

对于成套产品的外观设计,将可以合案申请的具体情形加以归纳总结,并考虑借鉴发明专利和实用新型专利的收费模式,以申请附加费的形式仅增加申请费用。这种方式虽然不能整体实现按项管理的模式,但是可以在一定程度上解决上述问题。

二、完善宽限期制度的建议

(一) 现有宽限期制度的弊端

我国《专利法》第 24 条规定:"申请专利的发明创造在申请日以前六个月内,有下列情形之一的,不丧失新颖性:(一)在国家出现紧急状态或者非常情况时,为公共利益目的首次公开的；（二）在中国政府主办或者承认的国际展览会上首次展出的；（三）在规定的学术会议或者技术会议上首次发表的；（四）他人未经申请人同意而泄露其内容的。"我国《专利法》规定的新颖性宽限期的认定条件较为严苛，可以满足上述规定条件取得不丧失新颖性宽限期资格的情况在实践中非常罕见。因此很多申请人，特别是外观设计申请人，都认为我国《专利法》中关于不丧失新颖性宽限期的规定实际作用不明显。

我国目前的宽限期属于狭义宽限期，仅有少数的几种情形能够获得新颖性宽限期。申请人能够提前公开的类型受到严格限制，且相关手续规定对申请人较为严格：不仅要求在申请时就提出声明，而且要求在规定时间内履行相关手续，在形式上对申请人提出了几乎不能存在失误的要求，一旦手续不合格，即便实体内容符合规定，也不能享受宽限期待遇。而在海牙体系的主要审查局中，美局、日局和韩局均为广义宽限期。从国际发展趋势看，宽松的宽限期适用规则是当今主要国家和组织的主流趋势，更高标准的知识产权国际保护规则也是当今国际社会的需求。例如在《全面与进步跨太平洋伙伴关系协定》中，对于发明可适用新颖性宽限期的公开方式也没有明确限制。

不丧失新颖性宽限期的效力不同于优先权，并不能使该申请的申请日追溯至发明创造的展出日、发表日或者泄露日，往往是在不可避免或者无意识的情况下公开发明创造后，给予创新主体的一个补救措施。从这个角度出发，逐步放宽外观设计不丧失新颖性的宽限期的具体要求，可以加强对申请人本人提前公开的救济，同时也为申请人提供了一定的时间灵活性，使其能够充分评估外观设计的商业价值，获得更大的利益。

（二）相关法律法规的修改建议

从本书有关新颖性审查部分的研究可以看出，随着外观设计公开手段的多样化，申请人本人通过网络公开导致其申请丧失新颖性的案例屡见不鲜。对比我国目前的宽限期制度，美国、韩国较为宽松的宽限期手续及提交时机的规定，对申请人本人的公开提供了一定的救济途径，更为友好。因此，建议：（1）适当放宽对于宽限期证明材料的提交要求；（2）取消现有专利制度中必须在申请时作出声明的规定，在审查过程中允许申请人在指定时间内提出宽限期请求。这种方式能使申请人真正地享有宽限期制度赋予的权利。

三、完善外观设计色彩的生效保护条件的建议

（一）现行规定的弊端

我国《专利法》第64条第2款规定：外观设计专利权的保护范围以表示在图片或者照片中的该产品的外观设计为准，简要说明可以用于解释图片或者照片所表示的该产品的外观设计。

我国《专利审查指南 2023》第一部分第三章中规定：简要说明中的设计要点是指与现有设计相区别的产品的形状、图案及其结合，或者色彩与形状、图案的结合，或者部位。

根据上述规定，外观设计专利权的保护范围以表示在图片或者照片中的外观设计为准，简要说明中的设计要点是为了说明与现有设计的区别，并不必然影响其保护范围。从外观设计评价报告等审查实践以及我国各级法院反馈的信息来看，简要说明中的设计要点和是否包含色彩的描述，对于保护范围的确定并没有显示出预期的作用。

海牙体系主要缔约方对于色彩的生效保护条件大多采用"所见即所得"的方式，即提交视图包含的色彩即视为请求保护的外观设计包含色彩。《海牙协定》对于色彩的生效保护条件也是国际公布的视图包含色彩，即视为请求保护的外观设计包含色彩。目前仅我国与其他国家的规定不一致，这可能导致海牙体系申请人在指定中国时认为其申请保护了色彩但实际保护范围并不包含色彩，从而影响申请人的正当利益。

（二）相关法律法规的修改建议

我国对于色彩的生效保护条件所采用的与众不同的做法目前来看并无特殊优势，缺少持续运用的必要性，从长远看建议尽早与国际通行做法统一。因此，建议对《专利法实施细则》第 31 条进行修改，删除"省略视图或者请求保护色彩的，应当在简要说明中写明"。对于色彩的保护，以表示在图片或者照片中该产品的外观设计为准。

四、完善优先权制度的建议

从国际上看，放宽对优先权的增加、改正和恢复的相关规定是主流趋势。《专利法条约》（PLT）以及商标、工业品外观设计和地理标志法律常设委员会（SCT）会议编拟制定的《外观设计法条约（DLT）（条文草案）》中，对更正或增加优先权要求以及恢复优先权给出了具体要求，我国正在积极研究加入《专利法条约》和《外观设计法条约》，为了消除加入上述国际条约的障碍，在第四次《专利法实施细则》的修改中，已经针对发明和实用新型专利，对更正或增加优先权要求以及恢复优先权的情形进行了修改。尽管《外观设计法条约》对此问题尚未达成一致意见，WIPO 会于 2024 年继续磋商并召开外交会，但结合国际趋势，建议在我国外观设计制度中增加相关规定。

附 录 案例索引

国际注册号	涉及章节	缺陷类型
DM/213025	第三章第一节	保护客体
DM/217762	第三章第一节/第五章第二节	保护客体/新颖性
DM/217398	第三章第一节/第七章第一节	保护客体/产品名称
DM/215865	第三章第一节/第七章第二节	保护客体/简要说明书
DM/212342	第四章第二节	清楚表达（视图数量）
DM/212922	第四章第二节	清楚表达（视图数量）
DM/216688	第四章第二节	清楚表达（视图数量）
DM/212391	第四章第二节	清楚表达（视图投影关系）
DM/216684	第四章第二节	清楚表达（视图投影关系）
DM/216639	第四章第二节	清楚表达（视图投影关系）
DM/215266	第四章第二节	清楚表达（视图质量）
DM/209213	第四章第二节	清楚表达（其他）
DM/216813	第四章第二节	清楚表达（其他）
DM/213806	第四章第二节	清楚表达（其他）
DM/217237	第四章第二节	清楚表达（其他）/新颖性
DM/213300	第四章第二节	清楚表达（其他）
DM/213077	第四章第二节	清楚表达（其他）
DM/217891	第五章第二节	新颖性
DM/217889	第五章第二节	新颖性
DM/215118	第五章第二节	新颖性
DM/213882	第五章第二节	新颖性
DM/211879	第五章第二节	新颖性
DM/212716	第五章第二节	新颖性
DM/217285	第五章第二节	新颖性
DM/212380	第五章第二节	新颖性
DM/215465	第五章第二节	新颖性

续表

国际注册号	涉及章节	缺陷类型
DM/215835	第五章第二节	新颖性
DM/217117	第五章第二节	新颖性
DM/215621	第五章第二节	新颖性
DM/213988	第五章第二节	新颖性
DM/212914	第五章第二节	新颖性
DM/217939	第五章第二节/第七章第一节	新颖性/产品名称
DM/209890	第五章第二节	新颖性
DM/211956	第六章第二节	单一性
DM/210807	第六章第二节	单一性
DM/214939	第六章第二节	单一性
DM/215506	第六章第二节	单一性
DM/209167	第六章第二节	单一性
DM/213024	第六章第二节/第七章第二节	单一性/简要说明书
DM/212302	第六章第二节	单一性
DM/215232	第七章第一节	产品名称
DM/216732	第七章第一节	产品名称
DM/214656	第七章第一节	产品名称
DM/212212	第七章第一节	产品名称
DM/216193	第七章第一节	产品名称
DM/213720	第七章第一节	产品名称
DM/210809	第七章第一节/第二节	产品名称/简要说明书
DM/216844	第七章第一节/第二节	产品名称/简要说明书
DM/213195	第七章第一节	产品名称
DM/213303	第七章第一节	产品名称
DM/215723	第七章第二节	简要说明书
DM/217094	第七章第二节	简要说明书
DM/214574	第七章第二节	简要说明书
DM/215288	第七章第二节	简要说明书
DM/210963	第七章第二节	简要说明书
DM/213918	第七章第二节	简要说明书
DM/213739	第七章第二节	简要说明书

续表

国际注册号	涉及章节	缺陷类型
DM/216740	第七章第二节	简要说明书
DM/210226	第七章第三节	视图名称
DM/214366	第七章第三节	视图名称
DM/216744	第七章第三节	视图名称
DM/212173	第七章第三节	视图名称
DM/216835	第七章第四节	权利要求书
DM/214210	第七章第四节	权利要求书
DM/210377	第七章第四节	权利要求书
DM/214000	第七章第五节	优先权
DM/214311	第七章第五节	优先权